이스라엘 땅에서 말씀 찾기

이스라엘 땅에서 말씀 찾기
베들레헴에서 욥바까지 인문 기행

초판 1쇄 인쇄 2024년 9월 20일
초판 1쇄 발행 2024년 9월 27일

지은이	권종렬
발행인	강영란
사업총괄	이진호
발행처	샘솟는기쁨
출판등록	제 2019-000050 호
주소	서울시 중구 수표로2길 9 예림빌딩 402 (04554)
대표전화	02-517-2045
팩스(주문)	02-517-5125
홈페이지	https://blog.naver.com/feelwithcom
전자우편	atfeel@hanmail.net
편집	박관용 권지연
마케팅	이진호
디자인	트리니티
제작	아이캔
물류	신영북스

ⓒ 권종렬, 2024
979-11-92794-49-5(03210)

이 책은 저작권법에 따라 보호를 받는 저작물이므로 무단 전재와 무단 복제를 금합니다.
이 책의 전부 또는 일부를 이용하려면 반드시 저자와 샘솟는기쁨의 동의를 받아야 합니다.
잘못된 책은 구입하신 곳에서 바꿔 드립니다.
책값은 뒤표지에 있습니다.

베들레헴에서 욥바까지 인문 기행

이스라엘 땅에서 말씀 찾기

권종렬 지음

샘솟는 기쁨

성경의 서사,
오늘을 잇는 이야기

추천사

　　미국 유학 중에 만난 칼빈 신학교의 구약 선생님인 쟌 스텍 (John Stek)은 평생 이스라엘을 방문한 적이 없다고 했다. 그 이유가 무엇이냐고 묻자 "평생 성경 본문 자체를 연구하며 받은 감동이 있는데, 수천 년이 이미 지난 현장을 방문하면 이 감동이 사라질 것 같아서"라고 하셨다. 나도 비슷한 생각을 가지고 있었으나, 몇 차례 이스라엘 땅을 밟아 보면서 생각이 바뀌었다. 스텍 교수님의 성경 본문 자체에 대한 사랑과 경외감도 필요하지만, 구원의 대하드라마가 실제로 일어났던 구약과 신약의 현장을 방문하면서 이런 사랑과 경외감이 배가 될 수 있다는 사실을 깨달았다.

　　저자는 이 두 가지 일을 멋지게 해냈다. 이 책은 그냥 이스

라엘 여행 중에 느낀 피상적이고 감상적인 단상이 아니다. 30년 동안 1만 번 이상 성경을 설교하며 성경 전체를 연구해 본 설교자가 아니면 담아낼 수 없는 멋진 글들이었다. 30년의 성경 연구와 깊은 묵상을 머리에 담고 이스라엘 땅을 직접 발로 밟고 손으로 만져 보고 눈으로 목도하면서 다가오는 벅찬 감동을 마치 독자들이 현장에 있는 것처럼 일상적 감각으로 잘 드러내기 때문이다. 게다가 소박하면서도 수려한 문체로, 학문성을 겸비하였음에도 영적인 겸손함으로 써 내려간 그의 글은 깊은 내공을 느끼기에 충분하다. 이스라엘 땅 곳곳에서 오감으로 느낀 구원사의 현장을 성경의 본문에 일일이 연관시켜 하나님께서 약속의 땅에서 백성에게 베푸셨던 은혜와 축복을 오늘 우리가 추체험(追體驗)할 수 있게 해 주었다. 책의 에피소드 하나하나에서 구약과 신약의 옛 하나님 말씀들이 선포되는 듯한 현장의 생동감과 은혜를 맛볼 수 있는 수작(秀作)이다. 기쁨으로 강력하게 추천하는 바이다. **김지찬 교수** | 구약학, 총신대학교신학대학원 은퇴교수, 수영로교회 협동목사

    고대 이스라엘과 현대 이스라엘이 문화-지리적으로 상당히 겹치기에 한국 크리스천들은 '성지 여행(Holy Land Tour)'을 다녀온다. 하지만 실속 있고 의미 있는 성지 여행은 많지 않다. 이유인즉 성경에 등장하는 수많은 지명 안에 담긴 신학적, 신앙적 서사를 성경의 땅 현지와 연결시켜 풀어 주는 사람이 많지 않기 때문이다.

인문학적 신학 기행문 형식으로 이 책을 집필한 저자는 베들레헴에서 시작하여 네게브 황야, 유대와 사마리아 산지, 예루살렘과 주변 지역, 유대 광야, 요단강과 사해, 이스르엘 대평원과 갈릴리 지역, 지중해와 가이사랴 및 욥바에 이르는 각 지역의 지리와 역사, 문물과 풍습 심지어 동식물 생태를 다룬다. 평소 제대로 알고 있어야 했던, 예를 들어 쥐엄나무 열매, 뽕나무와 돌무화과나무, 종려나무와 대추야자, 세례 요한의 석청과 대추야자 시럽에 대한 새로운 이해뿐 아니라 해와 달이 정지된 여호수아의 아얄론 골짜기에 관한 해설, 요단강 도하 방식과 신앙적 적용, 야곱의 돌베개의 의미 등과 같은 흥미로운 해설도 책 읽는 구미를 당긴다. "아하, 그런 것이었구나!" 하는 탄성을 지르게 될 것이다.

교회와 신학교에서 성경 지리를 가르치고 배울 때, 성지 여행을 준비할 때, 성경의 지명과 역사적 사건을 연계하여 신앙적 유익을 얻고 싶을 때, 중동 문화의 맥락에서 성경을 읽고 싶을 때, 이보다 더 좋은 현장 체험서는 없을 것이다. 이 책은 배움과 깨달음, 독서의 즐거움을 듬뿍 실은 마차가 되어 다가온다. 마차에 올라타고 함께 여행을 떠나 보자. **류호준 교수** | 구약학, 백석대학교신학대학원 은퇴교수

이 책은 성경의 땅 이스라엘에 대한 이야기를 담고 있다. 보통 이러한 책은 두 가지로 나뉜다. 성경의 땅에 대한 가이드북 형태이거나, 그곳을 갔다 온 사람의 수기 형태이다. 그런데 이

책은 그러한 선입견을 여지없이 깨부수고 있다. 가이드북도 아니고 신앙 수기도 아니다. 이스라엘 땅 곳곳을 이야기하면서 그곳에 연결된 성경의 이야기도 나오고, 그들의 실제적인 풍습도 설명되고, 우리가 가지고 있는 잘못된 무지도 깨워 준다. 그리고 저자의 이야기를 통해 조금은 상징적인 의미까지 전달하고 있다. 또한 풍부한 자료로 뒷받침되었음을 알게 한다. 곳곳에서 전문 서적의 인용이 따라오는데, 놀라운 것은 그걸 정색하며 가르치려 들지 않고, 술술 이야기로 풀어내고 있다. 그래서 굳이 부제에 '성지순례'라는 흔한 말을 떼어 버리고 '인문 기행'이라고 썼는지 모르겠다.

책은 잘 읽힌다. 좀 더 상상력을 더해서 읽으면 바로 옆에서 동네 할아버지가 옛날이야기를 풀어 주는 것 같다. 가끔 나오는 유명 학자의 이름이 독자의 정신을 붙잡지만, 정말 이야기 속으로 빨려 들어가는 듯하다. 성경 지도를 손가락으로 짚으며 읽어 나가면 이스라엘 땅에서 성경의 서사를 찾을 수 있을 것 같다. **조성돈 교수** | 목회사회학, 실천신학대학원대학교 교수, 라이브호프 기독교자살예방센터 대표

"나는 성경의 본문 텍스트에 갇혀 있었다"라는 고백으로 시작하는 이 책은 성경 본문 밖으로 나와 실제 현장의 경험을 생생하게 담아냈다. 책장을 넘길수록 열정과 진심이 그대로 전해진다. 저자는 30년 담임 목회자에게 익숙한 성경 해석을 넘어 성경 인물의 삶에 다가가고자 했다. 보통 사람들의 일상에 공

감하고, 그들의 삶으로 더 깊이 들어가 성경 속 이야기를 체험하며 말씀의 보화를 찾아가는 여정을 간증한다.

지리적, 문화적 배경을 통해 성경 이해를 돕는 베들레헴에서 욥바까지의 여정을 따라가 보니, 내겐 익숙한 성경 이야기들이 다시 새롭게 다가온다. 저자의 바람처럼 성경을 읽는 '아무개들'에게 잃어버린 성경의 현장감과 현실감을 이어 주는 디딤돌이 되리라 기대한다. '기념 교회 순례'에 치우치는 성지순례가 아닌 성경의 땅 답사이자 성경 문화 체험 여행으로 바뀌면 좋겠다. 저자가 그랬듯이 성경 본문 밖으로 눈을 돌리는 목회자들이 늘어나기를 바란다. **김동문 선교사** | 선교학, 『너희 등불을 비추라_빛으로 성경 읽기』, 『오감으로 성경 읽기』 저자

이 책을 읽어 가며 계속해서 강하게 드는 생각은, '바로 이거야!' 하는 것이었다. 저자가 직접 경험한 이스라엘과 그가 바라본 성경에 대한 옳은 관점이 담긴 이 책은, 성경을 어렵게 대하는 성도들에게 쉬운 길잡이가 되어 새로운 도전을 줄 것이다. 저자가 이스라엘을 방문하여 느끼고 또 깨닫게 된 생생한 체험들이 잘 녹아져 있어, 신앙의 정체를 겪는 우리에게 다시금 하나님의 말씀을 바르게 대하는 계기가 되어 줄 것이다.

사랑하는 동역자이자 주님이 맡기신 한우리교회 담임목사인 저자는 성도들을 어떻게 하면 말씀으로 잘 세워 갈지 날마다 고민하고 기도하는 사람이다. 그가 체험하고 공부한 이 책의 내용은 나에게 큰 울림을 준다. 이 책을 통해 '옳은 성경 읽

기'가 일상에 자리 잡기를 바라며, 자신 있게 이 책을 추천한다!

김성근 목사 | 목동제일교회 담임목사, 극동방송 〈매기성경강해〉 진행자

성경은 지리적 공간에서 일어난 사건을 기록한 책이다. 동시에 그곳에서 살아간 이들의 역사를 담은 책이다. 저자는 목회자로서는 보기 드물게 열정과 성실함으로 직접 성지 곳곳을 누비며 성경의 땅 이스라엘의 광야와 성읍, 골짜기와 산지, 강과 바다 같은 지리적 공간을 잘 설명하고 있다. 그뿐 아니라 그곳에 사는 이들의 일상을 다양한 사물들을 통해 입체적으로 보여 주고 있다.

성경의 사건이 일어난 그 현장에 서서 당시의 사람들이 일상에서 함께했던 사물들을 통해 생생한 성경 말씀을 확인하게 한다. 저자의 걸음과 시선을 따라가다 보면 어느덧 성경 속 그곳에서 그들을 만나게 된다. 그들의 마음을 느끼고 그들을 향한 하나님의 마음을 알아 가게 된다. 이 책을 안내서 삼아 성경의 땅에서 말씀을 직접 찾아간다면 더할 나위 없는 큰 은혜를 누리게 될 것이다. **이강근 목사** | 이스라엘 유대학연구소 소장, C채널 〈성지가 좋다〉 진행자

차례

4   추천사   성경의 서사, 오늘을 잇는 이야기
13   프롤로그   일상적 감각으로 성경 읽기

Chapter 1.
20   영원을 비추는 땅, 베들레헴

요셉과 마리아 비탈을 오르다 / 예수 탄생 동굴 교회 / 목자들의 들판 / 삯꾼 목자가 증인 / 분리 장벽이라 부르며

Chapter 2.
46   아픔을 싸매 주는 땅, 쉐펠라와 네게브

탐욕에 눈먼 벧세메스 / 엘라 골짜기 아세가 / 연자 맷돌로 기름 짜던 마레사 / 쥐엄나무 열매 이야기 / 유네스코 세계유산 벨 케이브 / 왜 에셀나무를 심었을까? / 이삭이 우물을 팠던 브엘세바

Chapter 3.
78   비를 흡수하는 땅, 유대와 사마리아 산지

믿음의 조상들이 잠든 헤브론 / 산당이 있던 나비 사무엘 / 달이 떠 있던 아얄론 골짜기 / 야곱이 누웠던 벧엘 / 중앙 성소가 있던 실로 / 갱신의 땅 세겜 / 상아 궁이 있던 사마리아 성

Chapter 4.
106 무덤이 가득한 땅, 예루살렘 감람산
예수님이 승천하신 베다니 / 화덕의 빵, 그 간절함 / 무화과나무의 때 / 눈물병과 눈물 교회 / 그날 밤 핏빛 겟세마네 / 게헨나, 힌놈의 골짜기 / 마른 뼈, 기드론 골짜기

Chapter 5.
134 평화를 잃어버린 땅, 예루살렘 옛 시가지
다윗 성의 진실 / 통곡의 벽에 손을 대고 / 느헤미아 성벽의 대역사 / 카르도를 걷다 / 예수 시대 베데스다 / 비아 돌로로사 / 무덤 교회에 도착하다

Chapter 6.
162 믿음을 시험하는 땅, 유대 광야
충만한 골짜기 조하르 / 피난처 마사다 / 다윗 폭포와 엔게디 / 에스겔 47장과 에놋 츠킴 / 여리고 옛길 / 엔 프라트의 썩은 띠 / 정결의 상징 우슬초

Chapter 7.
190 생명이 흐르는 땅, 요단강과 사해
소금기 가득한 엔보켁 / 요단강 도하 / 텔 여리고 둔덕에서 / 대추야자는 꿀? / 돌무화과나무의 삭개오 / 헤롯 궁전 / 요단강 세레터

Chapter 8.
220 경계를 넘어서는 땅, 이스르엘 골짜기

하롯 샘에서의 부르심 / 열 개의 도시 연맹 데가볼리 지경 / 벧산에서 사울 생각 / 로마인의 공중목욕탕 / 공중화장실과 더러운 왼손 / 격전지 므깃도 / 갈멜산의 엘리야 석상

Chapter 9.
250 복음이 자라나는 땅, 이방의 갈릴리

아르벨산에 오르면 / 도피성 갈릴리 게데스 / 최북단 도시 텔단 / 빌립보 가이사랴 / 가나에서 일어난 순종 / 예수님이 징집된 찌포리 / 갈릴리의 모나리자

Chapter 10.
282 사랑을 알아 가는 땅, 갈릴리 호숫가

디베랴에서의 대화 / 부유한 도시 막달라 / 게네사렛 호숫가 / 고라신의 회당 / 오병이어 현장 벳새다 들녘 / 산상수훈 언덕 / 베드로 수위권 교회

Chapter 11.
316 다시 시작하는 땅, 가이사랴 그리고 욥바

빌라도 비문 / 마차 경기장에서 질문하다 / 최근 발굴된 바울 옥터 / 욥바, 다시 시작

336 에필로그 생각할 줄 아는 그리스도인?
342 참고 문헌

프롤로그

일상적 감각으로
성경 읽기

"하나님께서는 우리의 일상 속에 찾아오셔서 일상을 사는 이들이 알 수 있는 것으로, 손으로 만지고 눈으로 보고 그렇게 감각할 수 있는 말씀을 주셨는데 어느 순간 그것이 개념이 되고, 추상적인 것으로 바뀌면서 성경이 너무 어려운 책으로 바뀌었습니다. 말씀의 일상성이 회복된다면 우리의 성경 읽기가 지식의 경연장이 아니라 살아온 것, 또 살아갈 것, 함께 잘 사는 것에 대한 경합의 장으로 바뀔 수 있지 않을까 생각합니다." **김동문 선교사**

30년 동안 한 교회에서 목회하면서 새벽기도회를 포함하면 1만 번 이상 설교했다. 신구약 성경 가운데 다루지 않은 본문이 없을 것이다. 그러나 성경을 일상적 감각으로 읽기 시작하면서부터 나의 성경 읽기는 근본적으로 바뀌었다.

귀납법적 성경 연구와 묵상 그리고 강해 설교를 생명처럼 여기며 살았다. 오랜 시간 책상에 앉아 성경 본문의 구조와 문맥과 언어를 살피며 메시지를 탐구했고, 수백 수천 권의 책도 읽었다. 그러나 돌아보니 그 수많은 시간 동안 나는 성경의 본문 텍스트에 갇혀 있었다. 본문 밖으로 나와 본문에 언급되는 지명과 사물의 실체를 확인하려는 노력은 거의 하지 않았다. 본문 속에 등장하는 보통의 사람들이 살던 일상 현장에 대한 최소한의 질문조차 없었다. 그렇게 오랜 세월을 나 자신도 뭐가 뭔지 모르는 채 추상적 개념만 가득한 설교와 성경 공부로 채워 왔다.

안타깝게도 이런 모습은 나만이 아닌 대다수 목회자와 교회의 한계일 것이다. 이제라도 교회를 말씀으로 새롭게 하고, 성도들로 하여금 성경을 소수 신학 전문가의 전유물이 아닌 모두를 위한 말씀으로 읽고 깨닫게 하려면 성경이 담고 있는 현장감과 생동감을 되찾아 주어야 한다. 성경을 일상적 감각으로 읽고 느끼고 깨닫고 응답하기 시작할 때 다시금 주의 말씀이 힘이 있어 흥왕하여 세력을 얻게 될 것이다(행 19:20). 일상적 감각으로 성경 읽기는 성경으로 말씀하시는 살아 계신 하나님의 영광으로 교회를 충만하게 할 것이다.

그렇다면 '일상적 감각으로 성경 읽기'란 구체적으로 어떻게 성경을 읽는 것인가?

첫째, 성경 속 현장으로 찾아들어 간 성경 읽기이다.

'필름 투어리즘'이란 관광객들이 재미있게 본 영화나 드라마 촬영지를 직접 방문하는 현상을 뜻한다. 관광객들은 그곳에서 영화 속 장면을 직접 따라 해 보며 감동을 되새길 수 있다. 이렇듯 성경을 몸으로 느끼고 이해하기 위해 성경 속 현장으로 뛰어들 필요가 있다. 디베랴 호숫가에 날이 밝아 오는 시간 요한복음 21장의 예수님과 베드로를 만나고, 해 질 녘 벳새다 들녘에서 누가복음 9장의 오병이어 기적을 만난다. 네게브 광야의 뜨거운 햇살 아래 창세기 21장의 하갈과 이스마엘의 눈물을 만나고, 힘차게 흐르는 단강의 물소리와 무성한 나무 곁에서 시편 1편의 복 있는 사람을 만난다. 이렇게 성경 속 현장을 찾아가는 성경 읽기는 성경을 생명의 현장으로 만나게 한다.

둘째, 실제와 실체에 바탕을 둔 체험적 성경 읽기이다.

성경은 어떤 개념을 소개하는 책이 아닌 일상을 사는 사람들의 실제와 실체로 가득한 책이다. 성경의 땅에는 수천 년을 이어 오며 그 땅에서 사는 이들의 일상이 묻어 있는 사물과 동식물 그리고 먹거리로 가득하다. 염소 가죽 부대를 만지며 냄새를 맡고 두렙돈과 두 앗사리온의 재질과 무게를 느낀다. 등잔불을 켜고 물맷돌을 던진다. 낙타를 올라타고 바위너구리(사반)를 관찰하고 어린양을 안고 나귀에 짐을 싣는다. 들에 핀 백합화의 향을 맡고 겨자꽃 씨주머니에서 씨를 모은다. 화덕 빵을 맛보고 쥐엄나무 열매를 먹는다. 나드 기름을 바르고 몰약 기름의 향을 느낀다. 이렇게 현장에서 성경의 일상을 체험하면서 성경은 손에 잡히고 눈으로 보거나 그려 볼 수 있는 친숙한 것으로 다가오게 된다.

셋째, 성경 속 등장인물의 냄새를 느끼고 마음을 듣는 성경 읽기이다.

성경은 하나님의 책인 동시에 우리 같은 사람들의 삶을 비춰 주는 사람 냄새 가득한 책이다. 성경에서 급하게 교훈을 찾기보다 본문 속 등장인물을 먼저 살펴야 한다. 그들은 어떤 상황이었을지를 떠올리고, 어떤 마음이었을지를 생각하면서 읽어야 한다. 믿음 좋은 아버지의 아들 번제 사건에서 극적으로 생명을 구한 아들은 믿음이 좋다는 것을 어떻게 받아들였을까? 기도하는 어머니의 일방적인 서원 기도로 말미암아 부모의 보호와 돌봄에서 소외된 채 자라야 했던 어린 아들의 마음은 어땠을까? 힘없이 헌금 통을 흔들면서 떨어지는 두렙돈 소리가 울려 퍼질 때 가난한 과부는 어떤 느낌이었을까? 이렇게 우리와 다르지 않은 성경 속 사람들의 일상과 마음을 만나면서 성경은 그들의 이야기가 아닌 우리 자신의 이야기가 되어 능력으로 다가온다.

넷째, 고대 중근동의 역사와 문화적 맥락을 살피는 성경 읽기이다.

성경은 하늘에서 뚝 떨어진 진공의 이야기가 아닌 특정한 시대를 살던 특정한 사람의 역사와 문화적 맥락 속에서 주어진 하나님의 말씀이다. 십진법을 쓰는 고대 이집트를 탈출한 백성과 육십진법을 쓰는 고대 메소포타미아를 살았던 이들에게 칠 일의 창조와 안식의 하나님은 어떻게 다가왔을까? 모든 길은 로마로 통한다는 제국의 지배 아래 살던 이들에게 넓은 길과 좁은 길을 가는 이들은 어떤 사람이었을까? 해와 달과 별과 바람과 물과 나무까지 모든 것이 중요한 신의 형상이요 황제는 신의 아들인 세계를 살던 이들에게 "주는 그리스도시요 살아 계신 하나님의 아들"이라는 고백은 어떻게 들렸을까? 이렇게 고대 중근동의 역사와 문화적 맥락을 살필 때 그 시대를 살던 보통의 아무개에게 성경 이야기 하나하나가 어떻게 들려졌을지를 좀 더 가까이 느낄 수 있다.

이 책은 인문 기행의 형식을 취하지만 '일상적 감각으로 성경 읽기'를 위한 체험서이다. 성경의 현장을 찾아 성경의 실제와 실체를 체험하면서 찾은 말씀의 보화이다. 현장의 체험 속에서 성경 속 그 사람을 느끼고, 성경 이야기를 듣고 읽던 아무개의 일상에서 발견한 질문과 응답의 체화된 말씀이다.

나의 일상적 감각으로 성경 읽기는 30여 년간 성경이 쓰인 중근동 땅을 직접 걷고, 보고, 확인하며 성경을 읽어 온 김동문 선교사의 길 안내로 시작되었다. 그와 함께했던 이스라엘 여행과 성경 사물 전시회에서 나누었던 수많은 질문과 응답 그리고 일상적 감각으로 성경 읽기의 교과서라 할 수 있을 『오감으로 성경 읽기』를 비롯한 그의 저서와 미발표 간행물에서 배운 지혜가 이 책에 깊이 녹아 있다. 이런 점에서 이 책은 나 자신만의 독창적인 수고로 거둔 열매가 아닌 탁월한 길잡이에게 빚진 은혜의 결실에 불과하다.

원고를 마무리하고 보니 아이들이 어린 시절 즐겨 읽던 학습 만화 '보물찾기 시리즈'가 떠올랐다. 세계 여러 나라를 다니며 보물을 찾고, 그 과정에 어떤 사건을 겪는 식으로 전개되는 이야기 속에 그 나라의 문화, 역사 등의 정보를 전달하는 스토리 학습 만화이다. 이 책이 아이들이 좋아하던 보물찾기 시리즈처럼 성경에 담긴 보화를 찾고자 하는 이들에게 기쁨이 되길 바라는 마음이 크다. 이 책을 읽는 독자들이 성경의 땅에서 보물 중의 보물인 하나님의 말씀을 찾아가는 영광을 함께 누렸으면 좋겠다.

성경은 수십 수백 권의 책을 읽고 전문적인 언어 학습이 되어야만 읽고 깨달을 수 있는 책이 아니다. 성경은 그 시대를 살던 '아무개들'에게 말씀하시는 하나님의 이야기이다. 성경이 담고 있는 현장감과 현실감을 되찾을 수만 있다면 그 누구라도 생동감 있게 읽고, 느끼고, 깨닫고, 응답할 수 있는 생명의 말씀이다. 이 책이 성경을 읽는 '아무개들'에게 잃어버린 성경의 현장감과 현실감을 찾아 주는 작은 디딤돌이 되었으면 하는 바람이다.

2024년 9월
저자 권종렬

〈편집자 주〉 출처 표시되지 않은 사진: ⓒ권종렬

1 영원을 비추는 땅, 베들레헴

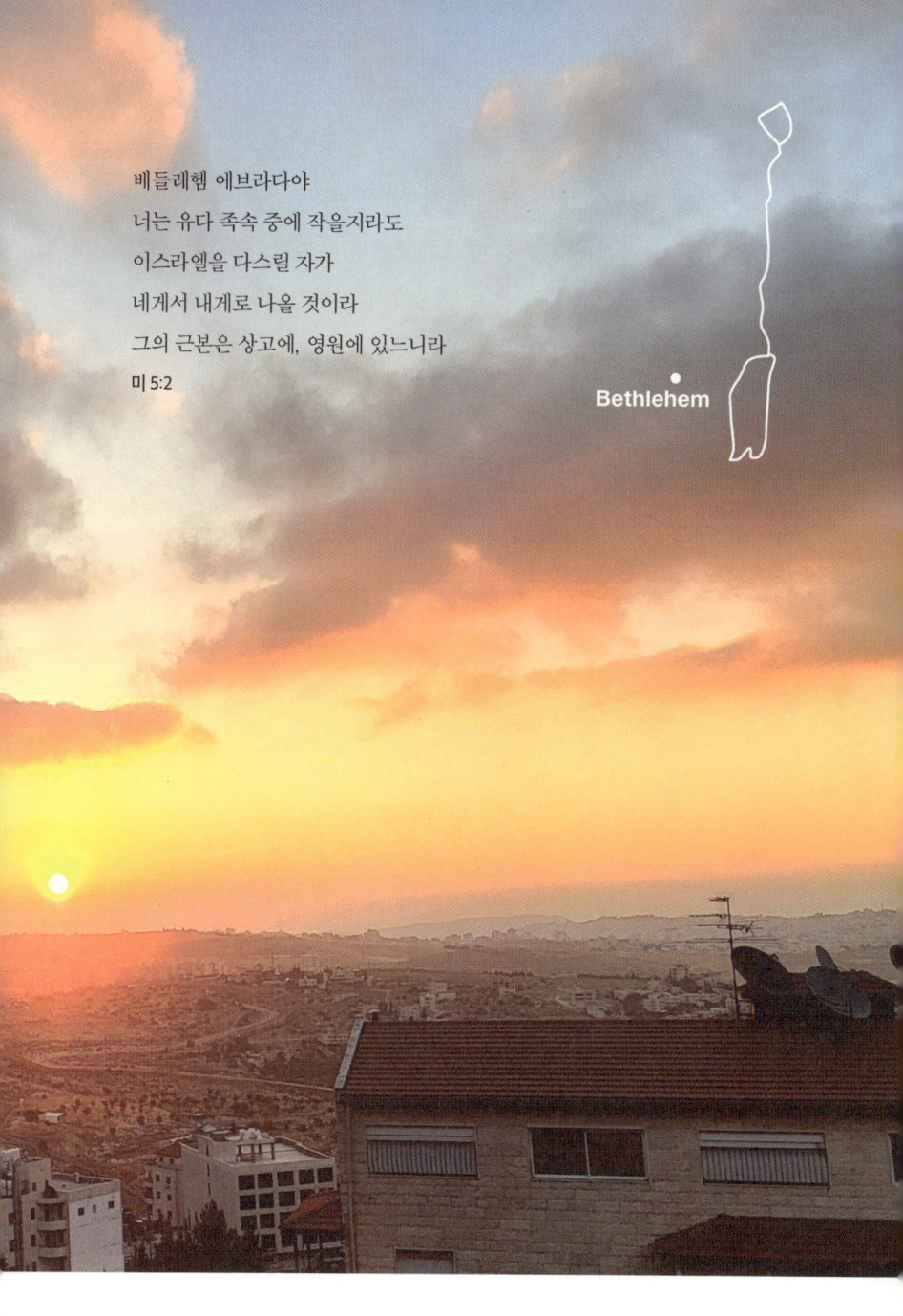

베들레헴 에브라다야
너는 유다 족속 중에 작을지라도
이스라엘을 다스릴 자가
네게서 내게로 나올 것이라
그의 근본은 상고에, 영원에 있느니라
미 5:2

Bethlehem

어둠이 걷히는 시간 베들레헴 건너편 모압 산지 너머로 돋는 해,
베들레헴 길에 아내를 장사하고 다시 길을 떠나던 야곱에게도 새날의 해가 돋았으리라!

이스라엘 땅을 향한 부푼 마음을 안고 여행길을 나섰다. 열두 시간의 긴 비행 끝에 '한우리 이스라엘 따라 걷기 여행 팀'은 어둠이 짙게 내려앉을 무렵 이스라엘에 도착했다. 벤구리온 국제공항을 벗어난 여행 팀은 아얄론 골짜기를 따라 예루살렘을 거쳐 베들레헴에서 첫날 밤을 맞이했다.

예루살렘에서 남서쪽으로 10km 정도 떨어진 아랍 마을인 베들레헴은 어떤 계획성도 보이지 않는 가옥들이 빼곡하게 퍼져 있었다. 다윗이 살았다는(요 7:42) 이곳은 2천 년 전 하나님의 아들 예수님이 태어나신 곳이다(마 2:1).

예수님 당시 팔레스타인 인구 현황에 관한 연구에 따르면, 종교 중심지 예루살렘 거주 인구는 3만 명 미만이었고, 걸어서 두 시간 정도 떨어진 베들레헴 인구는 3백 명 정도였다. 베들레헴은 예루살렘에 기반을 둔 고위 성직자나 부자들의 제의(祭儀) 용품으로 쓰이는 양과 염소를 위탁받아 기르는 목자들이 살던 마을이었다. 이런 배경을 떠올리면 베들레헴을 '떡집' 또는 '빵집(house of bread)'으로 푸는 해석보다 그 옛날 백정들이 살던 마을의 '푸줏간(고깃집)' 정도가 더 적절할지도 모르겠다.

베들레헴은 BC 8세기 미가 선지자의 예언을 그대로 인용한 마태복음의 기록처럼 '유대 고을 중에서 가장 작은' 마을이다(마 2:6). 다양한 고고학, 지리학, 역사학 자료를 살펴보더라도 이곳은 한 번도 제대로 된 성(city)을 이룬 적이 없다. 마치 오래전 화전민 마을이 듬성듬성 자리를 잡았던 것처럼, 도시 빈민의 무허가 판자촌 같은 그런 마을이다.

또한 베들레헴은 예전부터 유대와 사마리아 산지 능선을 따라 나 있는 길, 족장로(族長路)[1]를 여행하던 이들이 자주 지나던 곳이다. 야곱과 그의 가족도 이 길을 따라 걸었다. 벧엘에서 마므레(헤브론)로 향하는 길에 에브랏 곧 베들레헴 근처에서 야곱은 아내 라헬을 잃었다. 라헬이 베냐민을 낳다가 난산의 고통을 이기지 못해 죽고 말았던 것이다(창 35:16~20).

아직 어둠이 걷히지 않은 새벽 미명에 베들레헴 언덕길을 걸으며 야곱을 생각한다. 자신의 온 생애를 다해 사랑한 라헬의 죽음 앞에 묘비를 세우고 다시 떠나는 심정이 어떠했을까? 캄캄한 한밤중이 그렇듯, 사랑하는 아내를 베들레헴 언덕 어느 곳에 묻고 길을 떠나야 했던 야곱의 가슴에도 깊고 깊은 어둠뿐이었을 것이다.

한편 베들레헴은 룻기의 배경이 되는 곳이기도 하다. 룻은 요단강 동편 모압 출신이었으나 남편과 사별한 후 슬픔에 잠긴 시어머니 나오미를 따라 이곳에 머물게 되었다. 베들레헴은 시어머니의 고향이었다. 룻은 이곳에서 나오미의 친척인 보아스를 만나 결혼하여 다윗의 증조할머니가 되었다(룻 4:13~17).

비록 룻기의 스토리 결말이 해피 엔딩이긴 하지만, 나이 어린 그녀가 시어머니 연배로 보이는 보아스를 남편으로 맞아 살아가던 숱한 날들이 즐겁기만 했을까? 베들레헴 언덕에 올라

[1] 족장로: 유대와 사마리아 산지 능선을 따라 남쪽 브엘세바에서 헤브론과 베들레헴 그리고 예루살렘을 지나 북쪽 벧엘과 세겜으로 이어지며 이스라엘 땅 중심부 중앙 산지를 관통하는 길로 아브라함과 이삭과 야곱을 비롯한 족장들 이야기의 주 무대이다.

저 건너편 모압 산지에서 돋는 해를 바라보며 그녀의 마음을 헤아려 본다. 해가 발갛게 돋을 때면 고향이 무척이나 그리웠을 것이다. 가족 생각에 눈시울을 적시기도 했을 것이다.

요셉과 마리아 비탈을 오르다

> "요셉도 다윗의 집 족속이므로 갈릴리 나사렛 동네에서 유대를 향하여 베들레헴이라 하는 다윗의 동네로 그 약혼한 마리아와 함께 호적하러 올라가니 마리아가 이미 잉태하였더라 거기 있을 그때에 해산할 날이 차서" 눅 2:4~6

아침이 밝아 온다. 햇살에 빛나는 다윗의 동네 베들레헴 언덕은 여전히 가파르다. 오래전 이처럼 가파른 비탈길을 힘겹게 걸어 올랐을 요셉과 마리아. 그 시절 지참금이 없는 가난한 남자는 결혼이 늦어지기 마련이어서, 요셉은 마리아에 비해 훨씬 더 나이 들었을 것이다. 더구나 여자들에게는 조혼 풍습이 있던 시절이었다.

나이 어린 신부 마리아와 나이 많은 신랑 요셉은 그리 낯설지 않은 만남이다. 다만 아직 혼례를 치르지 않은 마리아의 임신이 문제였다. 수태고지(受胎告知) 이후 예루살렘 근처 유대 산골 사가랴의 집에서 엘리사벳과 함께 3개월을 머물다가 갈릴리 나사렛으로 돌아온 마리아의 임신 사실은 자연스럽게 드러날 수밖에 없었을 것이다(눅 1:26~56). 아마 요셉이 속도위반했다는 불명예를 뒤집어씀으로써 목숨을 부지했을 것이다. 그럼에도 두 사람을 바라보는 주변의 눈초리는 달갑지 않았다.

훗날 사람들은 예수님을 배척하며 '마리아의 아들'(막 6:3)이라 불렀다. 성(姓)이 없던 시절, 한 사람 한 사람을 구분하기 위해 지역 연고나 가족 연고를 이름에 덧붙이곤 했다. 누군가를 '누구의 아들'이라 부를 때 당연히 아버지의 이름을 붙였으나, 예수님께는 그렇지 않았다. 예수님은 요셉의 아들이 아니라 마리아의 아들로 불리셨다.

여자의 존재감이 없던 시절인데도 마리아가 요셉보다 더 유명했기 때문이었을까? 그럴 리 없을 것이다. 요셉이 일찍 죽고 마리아만 살아 있어서 그렇게 불렸다고 보기도 어렵다. 누군가를 '아무개의 아들'이라 부르는 것은 그 아버지의 생존 여부와 상관이 없기 때문이다. 그렇다면 혹시 요셉이 아닌 마리아가 낳은 자식 곧 '아비가 누군지 모르는 호로자식(胡奴子息)'이라는 비아냥거림은 아니었을까?

그렇게 천대받으며 주목받지 못한 아이를 임신한 부부는 로마 제국의 초대 황제 아구스도(Caesar Augustus)의 호적령을 따라 유다 지파의 본적지 베들레헴으로 향했다. 나사렛에서 베들레헴에 이르는 길은 편도 250km에 이르는, 걸어가면 열흘에서 2주는 필요한 거리였다.

갈릴리 작은 마을 나사렛의 가난한 부부가 오늘날 고급 승용차에 해당하는 나귀를 타고 이동했을 가능성은 극히 희박하다. 고대 이스라엘에서 길 찾는 명수 나귀는 부와 권위의 상징이었다(왕상 1:33, 38, 44). 조선 시대에 평민이 가마를 타지 못하던 것처럼 당시에 나귀는 부와 권력을 가진 이들의 전유물이었다.

요셉과 마리아가 그리 화급하지 않았던 호적 신고를 위해 길고 고단한 여정을 떠날 수 있었던 것은 마리아의 출산일이 아직 여유가 있었기 때문일 것이다. 출산이 임박한 만삭이었다면 이처럼 험난한 길을 나서기는 어려운 일이다. 더욱이 해산이 임박했다면 베들레헴으로 가는 길에 세례 요한이 출생한 사가랴의 집에 머물 수도 있었다. 그럼에도 마리아와 요셉이 두 시간 남짓 거리의 친척 집을 두고 베들레헴에서 긴박하게 해산할 곳을 찾아야 했던 이유는 무엇이었을까?

여러 정황을 고려하면 '해산할 날이 차서' 첫아들을 낳았다는 말씀은 태중에서 열 달이 지나 출산일이 되었다는 뜻이 아니라 갑작스럽게 조산하게 되었다는 뜻으로 보는 것이 적절하다. 어린 산모 마리아가 감당하기에 버거운, 길고 고단한 여정이었다. 넉넉지 못한 여비에 변변치 못한 먹거리, 혼전 임신이라는 심적 스트레스가 출산 예정일보다 일찍 해산하게 했던 것은 아닐까? 길에서 애 낳다 죽는 일이 다반사였던 시대, 죽을 수밖에 없는 처지에서 생명이 시작되는 이야기가 바로 예수 탄생의 핵심 메시지이다.

'아비 없는 호로자식'이라는 뜻과 크게 다르지 않은 '마리아의 아들'로 불린 예수님은 그렇게 버림받은 이의 친구로 오셨다. 그리고 어머니 배 속에서 제 날짜도 채우지 못한 팔삭둥이

아침 햇살에 빛나는 베들레헴 언덕,
가쁜 숨을 몰아 만삭의 아내를 부축하고 급하게 몸 풀 곳을 찾던 가난한 남편,
힘없는 아비의 절박함이 힘겹게 다가온다.

조산아(早産兒)로 오신 예수님은 모든 생명의 구원이 되셨다.

|

예수 탄생 동굴 교회

"헤롯 왕 때에 예수께서 유대 베들레헴에서 나시매 동방으로 부터 박사들이 예루살렘에 이르러 말하되 … 집에 들어가 아기와 그의 어머니 마리아가 함께 있는 것을 보고 엎드려 아기께 경배하고 보배합을 열어 황금과 유향과 몰약을 예물로 드리니라" 마 2:1, 11

베들레헴 구유 광장을 찾았다. 광장 오른쪽에는 아르메니아 수녀원의 높디높은 벽이 있고, 바로 왼쪽에는 성 카타리나 성당(Chapel of Saint Catherine)이 보인다. 수녀원과 성당 사이에 '예수 탄생 교회(Church of the Nativity)'로 들어가는 작은 문이 있다. 4세기 초에 콘스탄티누스(Constantinus)가 건설하고, 6세기에 유스티니아누스(Justinianus)가 개축한 이 교회는 여러 차례 공격에도 파괴되지 않고 그대로 보존되었다. 이곳은 세계에서 가장 오랫동안 중단 없이 예배하는 교회이다.

십자군이 말을 타고 예배당에 들어가지 못하게 하려는 의도로 설계된 작은 문을 통해 몸을 구부려 안으로 들어가자, 좌우로 40개의 기둥이 나란히 서 있는 바실리카(Basilica) 양식[2]의 예배당과 중앙의 그리스 정교회 제대가 한눈에 들어온다.

예배당 오른쪽 낡은 계단을 통해 내려가면 예수 탄생 동굴로 이어진다. 이때 누군가는 당혹스러움을 느꼈을 것이다. 예상했을 '마구간'은 보이지 않고, 동굴 안에 들어섰기 때문이다. 사실 1세기 무렵 베들레헴의 서쪽 변두리인 이곳에서 말이나 소를 키웠다는 기록은 보이지 않는다. 성경에도 '마구간'이라는 표현이 없다.

당시에 들판에서 목축을 업으로 하던 유목민에게는 이동식 천막이 집이었고, 성안에서 돌이나 흙으로 벽을 둘러서 지은 가옥들도 집이었다. 그뿐 아니라 석회암 산지의 자연 그대로 활용하거나 다듬어 생활하던 동굴도 집이었다. 예수님은 크리스마스카드나 성화 장식 속 마구간이 아닌 그 시절 보통의 서민들이 살던 '동굴 집'에서 태어나셨다. 교부들의 기록을 살펴도 이 사실이 분명하게 보인다.

'우리와 함께하시는 하나님'이신 그분이 스스로 낮아지셔서 땅의 동굴 안에서 태어나셨고 그분이 태어나신 곳을 히브리인들은 베들레헴으로 불렀다. 따라서 경건한 황후(헬레나)는 이 동굴을 가장 화려하게 꾸몄다. 에우세비우스, 『콘스탄티누스의 생애』, 3:43

2) 바실리카 양식: 고대 로마의 법정 건물에서 유래한 특수한 건축 양식으로 4세기 기독교의 공인 이후 교회 건축에 도입되고 발전하게 된 교회 건축 양식이다. 직사각형의 평면에 외벽으로 둘러싸인 내부 공간 안에 기둥들이 줄지어 늘어신 형태로 중앙에 본당, 측면 복도와 반원 벽이 아치나 돔 형식으로 되어 있으며 로마네스크와 고딕식 교회 건축에 영향을 주었다.

지금까지도 예배가 이이지는 현존하는 가장 오래된 예배단인 예수 탄생 교회 내부.
바실리카 양식의 예배당 좌우에 40개의 기둥이 있고
그 위로 복원된 동방박사 이야기 모자이크 벽화가 있다.

현재 베들레헴에 가면 그분이 태어나신 동굴과 동굴 안에 구유를 볼 수 있다. 오리게네스, 『셀수스 반박』, 1:51

이렇게 하나님이 사람이 되어 이 땅에 오신 날, 동방으로부터 온 박사들(Magi)이 어둡고 눅눅한 집, 동굴에서 아기 예수님께 경배했다. '세 가지 예물' 곧 황금과 유향과 몰약을 드리며 경배한 박사들이 몇 명인지는 확인할 길이 없다.

"동방으로부터"라는 말씀에 근거하면 그 박사들은 메소포타미아 동부 파르티아 출신의 조로아스터교 사제, 점성술사였을 것이다. 당시 파르티아 제국은 로마 제국과 힘겨루기를 하던 적대 국가였다. 그럼에도 개의치 않고 유브라데강 상류를 지나는 대상(Caravan)의 무역로를 따라온 것이다. 한편 그들이 드린 예물의 원산지에 근거하면 아라비아 남부(예멘)에서 당시 나바테아인이 지배하던 향신료 길을 따라왔을지도 모른다.

어떤 경로이든 비행기로 세 시간이나 걸리는 먼 거리이다. 당시라면 거의 3~4개월이 소요되는 여정이었다. 당연히 '사막의 배' 낙타를 타고 이동했을 테지만, 그 길은 추위와 더위, 강도의 위협을 직면해야 했을 것이다. 게다가 먼 길을 오가려면 낙타에는 장거리 여행에 필요한 물품이 잔뜩 실려 있고, 그것을 지키기 위한 경호 인력도 함께했을 것이다.

그렇게 도착한 유대 땅에서 그들의 모습은 눈에 띄게 두드러졌을 것이다. 옷차림새나 말투도 다르고, 생김새도 다른 이방인이었다. 혈통을 절대시하는 유대 사회에서 이방인, 그것도 별점을 치면서 운명을 논하던 이들이었기에 사람 취급도 받지 못했다. 이처럼 사람 같지 않은 그들이 경배하는 예수님도 그 야말로 천한 존재에 불과했다.

예수님의 탄생 이야기가 제국도 다르고 인종도 다르고 종교도 다른 존재, 지리적으로 아주 멀리 떨어져 있던 최초의 이방 출신 예배자로 시작되는 데에는 큰 의미가 담겨 있다. 복음이 혈통의 벽과 사회적 경계를 넘어 하나님의 은혜가 흘러가는 하나님의 능력임을 처음부터 계시하고 있는 것이다. 예수님의 복음은 벽과 경계를 넘어 은혜가 흘러가는 생명의 복음이다.

|

목자들의 들판

"첫아들을 낳아 강보로 싸서 구유에 뉘었으니 이는 여관에 있을 곳이 없음이러라" 눅 2:7

20세기 중반에 세워진 베들레헴 '목자들의 들판 교회(Church of the Shepherd's Field)'는 성지의 건축가로 알려진 이탈리아의 안토니오 발루지(Antonio Barluzzi)가 디자인했다. 이 교회 주위에는 목자들이 양 떼를 이끌고 추위를 피했을 법한 동굴들이 여럿 있다. 어둑한 동굴은 20~30명이 족히 들어가 기도회와 예배를 하거나 주거할 만한 크기이다.

앞에서도 살펴보았듯이 동굴 집은 양이나 염소의 구유인 동시에 가난한 목자들의 보금자리였다. 염소 털로 짠 천막은 고대 이스라엘 사회에서 소박한 집 한 채 값일 정도로 귀한 것이었다. 그뿐만 아니라 동굴은 무덤으로도 사용되었는데(창 23:19) 아브라함, 나사로, 예수님의 무덤도 동굴이었다.

이런 동굴은 원시 시대 수렵 생활인이 살던 공간만이 아니라 고대 이스라엘의 서민이 살던 흔한 주거 공간이었다. 추운 겨울에도 따스한 밤을 보낼 수 있는 서민들의 동굴 집에는 가축과 사람이 한데 섞여 살았다. 20세기 초까지도 예루살렘 근교에서 많은 이들이 동굴에 거주했다는 조사 결과가 있고, 지금도 이스라엘과 요르단 곳곳에서 동굴에 거주하는 이들을 어렵지 않게 찾아볼 수 있다.

베들레헴 주변에는 예루살렘에 기반을 둔 권력자들 소유의 양 떼를 치던 이들이 많이 살았다. 그래서인지 베들레헴 지역을 '목자들의 들판'으로 불렀다. 마치 조선 시대 한양 가까이에 자리한 도축자들(백정들)이 살던 마장동 같은 곳이다. 그곳에는 목축하는 이들의 삶의 터전이 자리 잡을 수밖에 없었다.

이런 베들레헴에 여행자의 쉼터를 뜻하는 여관이 존재했을 리 없다. 베들레헴에서 예루살렘까지 걸어서 두 시간 거리인데 굳이 이곳에 머물 여행자가 얼마나 있었겠는가? 미국의 신약학자 케네스 베일리(Kenneth E. Bailey)가 『중동의 눈으로 본 예수』에서 말했듯이 여관으로 번역된 그리스어 '카탈리마(katalyma)'는 일반 가정집의 숙소(객실)를 뜻하기도 하지만, 사회적 맥락으로 보면 그런 뜻을 넘어서는 것으로 볼 수도 있다.

자비를 베푼 사마리아 사람 이야기에 등장하는 '주막'(눅 10:34~35)처럼 고대 이스라엘에서 여관은 일정한 비용을 지불할 여유가 있는 사람이 머무는 일시적인 거처이기도 했다. 여행 중에 이런 여관에 머물 수 있는 사람은 명예와 부와 권세를 가진 특정한 이들이었을 것이다.

그러나 아기 예수님은 이런 여관이 아니라 구유에 누이셨다. 성경에서 구유로 언급되는 구절들을 살펴보면 가축의 먹이통이나 먹이통이 있는 공간을 가리키거나 양 떼의 물통을 지칭하기도 했다(창 24:20, 30:38, 출 2:16). 또 구유는 야외 공간이 아닌 주거 공간에 자리한 구유(물통, 먹이통)가 있는 자리 즉 가축의 생활 터전인 외양간을 뜻하기도 했다(잠 14:4, 사 1:3, 눅 13:15).

예수님이 태어나신 날은 눈이 내리는 겨울철이 아니라 목자들이 들판에서 생활하던 계절이었다(눅 2:8). 야외에 머물던 목자들이 비를 피하거나 추울 때 몸을 녹이는 곳, 양이나 염소를 쉬게 하던 동굴이나 웅덩이가 바로 구유였다. 아기 예수님이 누워 계신 구유는 마구간의 먹이통이 아니라 목자들이 양이나 염소와 어우러져 살던 동굴 집이었다(눅 2:7, 12, 16).

실제로 이스라엘 따라 걷기 중에 들렀던 사마리아 산지의 한 유목민 집은 양과 염소가 머무는 우리이자 유목민 가족이 함께 살아가는 동굴 집이었다. 여관과 구유는 기와집과 초가집, 양옥집과 판잣집처럼 어떤 대상을 구분하는 경계의 표현이었다. 예수님은 양과 염소 같은 존재, 개나 돼지같이 구유에 누인 인생으로 태어나셨다. 스스로 천한 존재가 되어 낮고 천한

베들레헴 목자들의 들판 교회 근처 동굴 집(구유), 옹기종기 모여 앉아 말씀을 들으며 지금도 동굴 집에서 일상을 살아가는 이들을 만난다.

곳으로 우리를 찾아오신 것이다.

구유는 지푸라기나 구정물, 동물의 대소변이 뒤엉켜 있었을 것이고, 과거 우리의 재래식 변소처럼 아무리 청소해도 칙칙할 수밖에 없는 더러운 공간이었다. 그렇지만 오갈 데 없는 두 사람, 그것도 해산이 임박한 마리아에게는 이곳을 찾은 것만으로도 행운이었다. 이렇듯 너저분한 곳에 누이신 아기, 초라한 몰골의 마리아와 요셉을 부모로 둔 아기 예수님은 바로 구유에 사는 이들의 이웃이자 친구이시다.

구유에서 태어난 예수님은 날 때부터 별 볼 일 없는 존재가 되어 별 볼 일 없는 우리의 구원이 되셨다. 우리의 상상을 초월하는 자리까지 낮아지신 예수님은 빛을 볼 수 없는 우리에게 빛을 주고 빛이 되기 위해 구유에 누우셨다. 구유의 아기 예수님은 우리를 위해 모든 것을 다 내어 주신 하나님의 사랑이다.

삯꾼 목자가 증인

"그 지역에 목자들이 밤에 밖에서 자기 양 떼를 지키더니 … 목자들은 자기들에게 이르던 바와 같이 듣고 본 그 모든 것으로 인하여 하나님께 영광을 돌리고 찬송하며 돌아가니라" 눅 2:8, 20

성탄 이야기에 빠질 수 없는 등장인물이 목자들이다. '목자들의 들판 교회' 앞마당에 놓인 목자상을 바라보며 2천 년 전 그날 밤에 양 떼를 지키던 목자들을 떠올린다. 그들은 양의 주인이 아니라 삯을 받고 목축하는 목자, 곧 삯꾼 목자들이 대부분이었다.

목자는 성경 시대 가장 천한 직업군이었다. 『예수 시대의 예루살렘』의 요아킴 예레미야스(Joachim Jeremias)에 따르면 예수님 당시 목자뿐만 아니라 낙타 몰이꾼, 당나귀 몰이꾼, 마부, 뱃사공, 의사, 푸줏간 주인 등이 부정직하고 도벽이 심하다는 사회적 오명 속에 천직(賤職)으로 취급받았다. 목자들이 존중받을 리 없었다. 주변의 따가운 눈초리가 만만치 않았다.

그렇다고 일이 편한 것도 아니었다. 주인과 멀리 떨어져서 양 떼를 지켜야 하는 삶이 독립적이기는 했지만, 무척 고단했다. 한밤중에는 찬바람, 대낮에는 뜨거운 태양을 견디며 지내야 했다. 광야의 맹수나 도적 떼의 공격 같은 위험한 상황을 늘 직면해야 하는 거칠고 험한 직업이었다(참고, 창 31:38~49).

게다가 삯꾼 목자는 나쁜 짓을 일삼는다는 평판이 자자했다. 남의 땅을 무단으로 침범하고 그 땅의 소산물을 몰래 훔쳐 가는 사람들이라는 것이다. 그들의 소유는 그런 장물(贓物)일 수 있기에 그들에게서 양과 염소의 털이나 젖 또는 새끼를 사는 것조차 조심해야 했다. 예수님도 삯꾼 목자에 얽힌 이런 부정적 평판을 모르실 리 없었다(요 10:12~13).

삯꾼 목자는 평범한 시민의 당연한 권리조차 누리지 못했고, 유대 성인 남자라면 누구나 감당하던 증인의 책무도 가질

수 없었다. 그야말로 이류 시민, 아니 외국인보다 못한 처지였
다. 심지어 구덩이에 빠졌을 때 구해 주지 않아도 되는 존재, 아
주 천하고 쓸모없는 존재였다. 그들의 사회적 신분은 '죄인'이
었던 것이다.

그런데 놀랍게도 이처럼 비웃음과 멸시의 대상인 '삯꾼 목
자'를 증인 삼아 예수님이 이 땅에 오셨다. 그리고 예수님은 얼
마든지 다른 이름이 있을 텐데 자신을 목자에 비유하셨다. '나
는 목자다'라는 고백이 '나는 도둑놈이다', '나는 사기꾼이다'라
는 의미였던 시절에 예수님은 양을 위해 자신의 살과 피를 나
누어 준 '선한 목자'가 되셨다(요 10:11). 온갖 비아냥과 수군거림
을 당하는 목자가 되어 소외되고 버려진 양을 위해 자신을 내
어 주는 선한 목자로 사셨다.

그리고 그 대열에 우리를 동참시키신다. 예수님은 목자 없
이 고생하며 기진한 양 떼 같은 백성을 먹이고 돌보는 새로운
목자로서 그리스도인 된 우리를 부르신다(마 9:36~38, 행 20:28).
비록 맡겨 주신 '목자로의 부르심'이 세상으로부터 천대받고 무
시당하는 이름이라 할지라도 양 떼를 위해 거칠고 험한 일을
기꺼이 감당하는 선한 목자로 우리를 부르신다.

20대 중반, 주의 인도하심을 따라 신학대학원 입학과 동시
에 교회를 개척해야 했다. 그렇게 목회를 이어 온 지 7~8년 되
었을 무렵이었다. 하나님이 '너는 삯꾼 목자'라고 꾸짖으시는
것이 아닌가! 내게 그 음성은 큰 충격이었다. 나름 많은 것을
포기하고 오직 주를 위해, 교회를 위해 살았다고 생각했는데

삯꾼이라니. 그 음성을 감당하기가 버거웠고, 몇 날 며칠 잠들 수 없었다. 식사를 할 수도 없었다. 그렇게 몸부림치며 씨름하는 시간 속에 내 삶을 돌아보니 삯꾼임이 깨달아지고, 삯꾼 목자임을 인정할 수밖에 없었다. 그때 이렇게 고백했다.

나는 양을 위해 목회하는 목사가 아니라 나를 위해 목회하는 목사였습니다. 양을 위해 목숨을 버리기보다 나를 위해 목숨을 버려 줄 양을 찾았습니다. 내가 하고 싶은 말을 설교했지 양이 먹어야 할 말씀을 전하지 않았습니다. 내 방식대로 목회하고 싶었지 양에게 필요한 것을 주려고 하지 않았습니다. 양을 가슴으로 사랑하고 품으려 하기보다 머리로 판단하고 가르치려 했습니다. 내 이미지를 구겨 가면서까지 양을 살피려 하지 않았습니다. 목자가 한 마리의 양을 살피듯이 한 성도 한 성도의 형편을 살피며 돌아보는 것이 아니라 전체로서의 한 무리로 성도를 대할 뿐이었습니다.

하나님은 아셨다. 삯꾼 목자에 불과한 나의 실체를 직면하면서 깊은 통회의 눈물을 쏟아야 했다. 오랜 시간이 지났지만, '너는 삯꾼 목자'라고 하신 그 음성은 여전히 나 자신을 돌아보게 하는 영혼의 울림으로 남아 있다. 주님 앞에 서는 날 '너는 나와 같은 선한 목자'라는 따뜻한 말 한마디를 꼭 듣고 싶어 오늘도 엎드려 목양의 은혜를 구한다.

요르단 모압 평지의 이른 아침 목자를 따라 꼴을 찾아 나선 양 떼(양 무리),
양 떼는 거의 대부분 양과 염소가 어우러져 있고, 나귀와 양치기 개 등이 함께하는 무리이다.

분리 장벽이라 부르며

"그는 우리의 화평이신지라 둘로 하나를 만드사 원수 된 것 곧 중간에 막힌 담을 자기 육체로 허시고" 엡 2:14

이른 새벽 아직 어둠이 가시지 않은 시간, 길을 나섰다. 팔레스타인 사람들이 주로 이용하는 합승 미니버스를 타고 베들레헴 체크포인트를 찾았다. 마치 국경을 넘어가는 것처럼 베들레헴을 나서는 체크포인트의 장벽은 높아만 보였다. 여권만 제시하면 자유롭게 통과할 수 있는 외국인들과 달리 팔레스타인 사람들은 소수의 이스라엘 출입 허가증을 가진 이들만 체크포인트를 통과할 수 있었다. 어둠을 밝히는 새벽의 활기와 아직 어둠이 가시지 않은 답답함이 교차하는 순간이었다.

이스라엘과 팔레스타인 사이에는 물리적인 큰 장벽이 놓여 있다. 팔레스타인 사람들의 테러를 막는다는 명분으로 이스라엘 측에서 2002년부터 불법적으로 높이 8m, 길이 730km에 달하는 콘크리트 벽을 설치한 것이다. 이스라엘은 주민들을 보호하기 위한 불가피한 조치라고 주장하며 '보안 장벽'이라고 부르지만, 팔레스타인 사람들은 이를 '분리 장벽'이라고 부르며 팔레스타인 영토를 잠식하려는 이스라엘의 계략으로 규탄하고 있다.

분리 장벽으로 인해 팔레스타인 사람들이 주로 거주하는 서안 지구(West Bank)와 가자 지구(Gaza Strip)는 고립되어 거대한 수용소가 되어 버렸다. 성경 시대로 치자면 유대와 사마리아와 블레셋 땅의 일부인데, 유대계 이스라엘 사람은 이곳을 편하게 방문할 수 있는 반면 팔레스타인 사람은 이스라엘 지역을 자유롭게 오갈 수 없다.

분리 장벽에 갇힌 이들은 지난 20년 동안 극소수를 제외하고는 드나듦 없이 갇혀 지냈다. 특히 그곳의 청소년들은 거의 모두 그 안에서 나고 자랐다. 스무 살도 안 된 아이들이 바깥세상을 경험하지 못한 채 갇혀 산 것이다. 먼 여행을 해 본 적도, 헤브론의 친척을 만난 적도, 예루살렘을 밟은 적도 없다. 모든 것을 말로만 들었지 가 본 적이 없다. 사방으로 삼엄한 철책과 장벽이 둘러쳐져 있고, 그렇지 않은 곳은 망망대해가 앞을 막아설 뿐이다.

그들은 서안 지구 팔레스타인 자치 정부(Palestinian Authority)와 가자 지구 하마스(Hamas)의 통치 아래 주어지는 메시지만 접하며 살아왔을 것이다. 그 안에서 나고 자란 아이들이 바라보는 세상은 어떤 곳일까? 거대한 수용소를 벗어나 본 적 없이 분리 장벽에 갇힌 아이들이 바라보는 정의는 무엇일지 상상이 가질 않는다. 마음이 짠하면서도 한편 섬뜩하기까지 하다. 젊은 세대 모두가 저렇게 갇혀 자란 이런 사례가 인류 역사상 어디에도 없지 않은가!

분리 장벽은 오랜 시간 이어진 팔레스타인 사람들의 가난과 고통의 현장이고, 이스라엘의 힘과 폭력으로 얼룩진 왜곡된 평화의 현장이다. 문득 이곳에 그라피티(Graffiti)를 남긴 유명 그래픽 아티스트이자 영화감독 뱅크시(Banksy)의 이야기가 떠오른다.

뱅크시가 분리 장벽에 벽화를 그리던 어느 날, 현지의 노인이 다가와 말했다.
"당신의 벽화 덕분에 이 장벽이 더욱 아름답게 보입니다."
"감사합니다."
그는 노인의 말을 칭찬으로 받아들였다. 그러자 노인이 다시 말했다.
"아니요. 우린 이 장벽을 증오합니다. 이 벽이 아름다워지길 원하지 않아요. 우린 이 벽이 없어지길 원합니다. 집에 가세요(Go home)."

베들레헴을 나서며 우리의 화평으로 오신 예수님을 다시 생각한다. 우리의 수많은 장벽과 막힌 담을 허무신 예수님, 그 사랑 앞에서는 분리와 배제를 만들어 내는 그 어떤 혐오의 장벽도 정당화될 수 없다.

뱅크시의 그라피티가 그려진 베들레헴의 분리 장벽, 웃지만 웃을 수 없는 슬픈 분노가 일렁인다.

2 아픔을 싸매 주는 땅, 쉐펠라와 네게브

아브라함이 아침에 일찍이 일어나
떡과 물 한 가죽 부대를 가져다가
하갈의 어깨에 메워 주고
그 아이를 데리고 가게 하니
하갈이 나가서 브엘세바 광야에서 방황하더니
창 21:14

Negev Desert

네게브 광야로 이어지는 요르단 아라바 광야와 싯딤나무,
죽어 가는 아들을 관목 덤불 아래 두고는 떨어져 소리 내어 울부짖는 어미의 피눈물을 본다.

발걸음을 좀 더 서남쪽으로 옮기면, 유대 산지 베들레헴 서쪽 해안 평야에는 낮은 구릉 지대가 이어지는데, 이곳이 쉐펠라(Shephela) 지역이다. 블레셋과 이스라엘의 전투가 끊임없이 벌어졌던 곳, 낮은 땅(Low Land)을 뜻하는 쉐펠라는 한국의 여느 시골 풍경과 다르지 않다. 푸른 나무가 많고 산과 산 사이의 열린 공간을 일컫는 여러 골짜기들이 있다. 북쪽에서부터 아얄론 골짜기, 소렉 골짜기, 엘라 골짜기, 구브린 골짜기, 라기스 골짜기가 이어진다. 그리고 이 골짜기들을 따라 고대의 중요한 성읍들이 자리 잡았다.

쉐펠라에서 남쪽으로 더 내려가면 네게브(Negev) 광야를 만난다. '남쪽'을 뜻하는 네게브는 '황무한 땅', '건조한 땅'이라는 의미도 있다. 이곳은 아브라함이 이집트(애굽)를 오가면서 머물렀던 곳이며, 이삭이 어머니 사라가 죽은 후 아버지 아브라함을 떠나 꽤 긴 시간 살았던 곳이기도 하다(창 13:1~3, 24:62).

네게브 광야는 여름이면 뜨거운 태양에 기온이 40~50도를 오르내리고 때때로 강한 모래 폭풍이 불어닥치는 곳이다. 변변한 이동 수단이 없거나 의식주를 제대로 갖추지 못한 이들에게는 죽음의 한계 상황을 직면할 수밖에 없는 사지(死地)이다. 그야말로 보호막이 없는 무섭고 위험한 땅이다.

창세기에는 남편과 아비에게 버림받아 빵과 물 한 가죽 부대만 어깨에 메고 네게브를 방황하는 한 모자(母子)의 이야기가 나온다. 물이 곧 생명인 그곳에서 가죽 부대의 물이 떨어져 가는 것을 보는 어미의 심정은 광야의 뜨거운 모래보다 더 뜨겁

게 타들어 갔을 것이다. 결국 물
은 떨어졌고 숨도 점차 멎어 갔
다. 차마 아들이 죽는 것을 눈 뜨
고 볼 수 없던 어미는, 아들을 관
목 덤불 아래 두고 화살 한 바탕
거리(약 300m)를 떨어져 소리 내어
울부짖었다. 그러나 그 피눈물을
헤아려 줄 사람은 어디에도 보이
지 않았다(창 21:15~16).

하갈이 어깨에 메었을 법한 염소 가죽
부대(1890년, 미국 의회도서관). 양이나
염소의 통가죽에 난 일곱 개의 구멍을
봉하여 만들었다.

단지 약속의 자녀가 아니라는
이유만으로 하갈과 이스마엘을
저렇게 죽어 가도록 내버려 두어도 괜찮은 것일까? 내보낼 때
내보내더라도 조금 살 만하게 챙겨서 내보낼 수는 없었던 것일
까? 아내와 아들에게 잔혹하리만큼 인정머리 없어 보이는 아브
라함의 태도를 그 무엇으로 정당화할 수 있을까?

그렇게 숨이 멎어 가는 순간 그들을 찾아온 것은 남편도 아
비도 아닌 하나님이셨다. 하나님이 그 울부짖음을 들으셨다.
그 어미의 눈을 밝혀 샘을 보게 하시고, 가죽 부대에 물을 채워
그 아이에게 마시게 하셨다(창 21:17~19). 그날 하나님은 어미 하
갈과 아들 이스마엘과 임마누엘로 함께하셨다.

우리의 작은 신음에도 응답하시는 하나님은, 세상에서 눈물
짓는 작은 존재들의 아픈 신음에도 능히 응답하시는 자애로운
분이시다. 하나님은 우리의 저항감이나 거부감, 불편함을 넘어

고통 가운데 신음하는 이들과 함께하신다.

탐욕에 눈먼 벧세메스

"벧세메스 사람들이 이르되 이 거룩하신 하나님 여호와 앞에 누가 능히 서리요 그를 우리에게서 누구에게로 올라가시게 할까 하고" 삼상 6:20

먼저 발걸음이 닿은 곳은 벧세메스이다. 소렉 골짜기 사이로 삼손의 고향 소라와 마주 보고 있는 곳이다. 이곳은 원래 유다 지파의 북쪽 경계로, 단 지파에게 주어진 땅이었다(수 15:10, 19:41). 그러나 단 지파가 자기들 마음대로 주어진 기업을 놓아두고 물이 풍부한 헐몬산 자락의 텔 단으로 이주하며 버려지게 된 땅이다(삿 18:1~31).

7월의 벧세메스 언덕에는 유난히 엉겅퀴가 많았다. 가시풀, 질려, 찔레 등으로 불리는 엉겅퀴는 온몸에 가시를 달고 있지만 아이러니하게도 아름다운 꽃을 피우는 여러해살이풀이다. 꽃싸개에 싸인 흰색, 분홍색, 파란색 꽃잎들이 무척 화려하다. 보통 성경에서 엉겅퀴는 아담의 범죄 이후 인간을 괴롭히는 풀(창 3:18, 욥 31:40, 마 7:16) 또는 저주받은 땅(사 32:13, 호 10:8, 히 6:8)을 상징하는 존재로 등장한다. 그래서인지 벧세메스의 무성한 엉겅퀴는 그곳에서 있었던 법궤에 얽힌 탐욕과 슬픔 그리고 비극적 죽음을 떠올리게 한다.

가나안 정착 초기, 법궤는 실로에 보관되어 있었다. 그런데 여호와를 멸시하던 엘리 제사장의 두 아들 홉니와 비느하스가 그 궤를 전쟁터로 가지고 나갔다. 블레셋과의 전쟁에서 승리하기 위해 법궤를 부적처럼 이용하려 했으나 전쟁은 블레셋의 승리로 끝났고, 법궤는 빼앗기고 말았다(삼상 4:2~11).

여호와의 궤가 블레셋 진영에 들어가자 재앙이 일어났다. 이를 견딜 수 없었던 블레셋 사람들은 속건제물로 금 독종 다섯과 금 쥐 다섯 마리를 더하여 이스라엘 진영으로 여호와의 궤를 돌려보냈다. 그렇게 일곱 달 만에 블레셋 사람에게 빼앗긴 법궤가 벧세메스로 돌아오게 되었으니 이곳 사람들은 얼마나 기뻤을까(삼상 6:13)?

엉겅퀴 가득한 벧세메스 언덕에 서니 여호와의 궤를 수레에 싣고 오는 암소 두 마리가 보이는 듯하다. 블레셋 사람의 땅에 글론에서부터 암소 두 마리는 울지도 않고 좌우로 치우치지도 않고 벧세메스 길로 똑바로 올라오고 있었다(삼상 6:12).

그러나 벧세메스 사람들은 법궤와 함께 온 제물, 블레셋 사람들이 보낸 보물을 보고는 탐욕에 눈이 멀어 버렸다. 혹시라도 더 많은 보물이 있을까 싶어 여호와의 궤를 들여다보았던 것이다. 넘지 말아야 할 경계를 넘은 이 일로 인해 벧세메스 사람 70명이 죽는 슬픔을 당해야 했다(삼상 6:17~19). 슬픔과 두려움에 사로잡힌 그들은 법궤를 기브온 족속이 사는 기럇여아림(바알레유다)으로 보냈다.

다윗은 기럇여아림의 아비나답 집에 버려진 듯 머물던 여호와의 궤를 중앙 성소가 있던 실로가 아닌 자기 집 다윗 성으로 옮겨 오고자 했다. 다윗은 왜 왕이 되고 족히 10년은 지났을 무렵에야 법궤를 자기 집으로 옮겨 오려고 했던 것일까? 기럇여아림에서 예루살렘까지 이동 거리는 대략 20km였고, 그날 법궤 이동에 동원된 군인은 3만 명이었다. 다윗은 예루살렘 주민의 수가 2~3천 명이던 시절 이렇게 엄청난 인원을 동원했다. 사람들 앞에서 온갖 악기 연주와 함께 수레 행진을 벌이기까지 했다(삼하 6:1~5).

하나님을 향한 예배로 치장된 이벤트는 정치인 다윗의 개인적 필요를 채우기 위한 것이 아니었을까? 자신을 드러내고 왕권을 강화하고자 여호와의 궤를 자기 집으로 옮겨 오려 했던 것이다. 아마 나곤의 타작마당에 이르러 소들이 뛴 것은 다윗의 숨은 욕망에 대한 하나님의 경고였을 수 있다. 모든 잘못을 웃사 혼자 한 것처럼 여호와는 그를 치셨지만, 다윗은 자기 잘못을 알았기에 분노하는 동시에 두려워했다. 그 순간 자신의 숨은 욕망을 들킨 다윗은 여호와의 궤를 자기 집으로 옮겨 오는 것을 포기했다(삼하 6:6~10).

너무나 슬픈 일이다. 여호와의 궤를 자기 편한 대로 이용하려던 홉니와 비느하스는 그 전쟁에서 죽고 말았다. 여호와의 궤를 빼앗고 자축하던 블레셋 사람들은 재앙에 두려워하게 되었다(삼상 5:1~12). 탐욕에 눈멀어 법궤를 들여다본 벧세메스 사람들은 죽음과 함께 슬피 울어야 했다. 자기를 드러내려는 그

가시덤불과 엉겅퀴로 가득한 폐허의 벧세메스,
좌우로 치우치지 않고 걷던 암소만도 못한 탐욕에 물든 인생들을 어찌하랴?

롯된 욕망으로 말미암은 다윗의 잘못된 선택은 다른 누군가의 비극적인 죽음과 함께 멈추었다.

그 땅은 가시덤불과 엉겅퀴를 낼 것이라는 말씀처럼, 하나님을 자기 이익을 위한 요술 램프 속 지니처럼 이용하려던 이들은 가시풀 무성한 고통만 남기고 말았다. 오늘 우리도 탐욕에 사로잡힌 그들과 별반 다르지 않다. 우리 역시 엉겅퀴만 내는 이기적 욕망의 그릇된 선택을 하고 있지는 않은지 돌아보아야 한다.

엘라 골짜기 아세가

"손을 주머니에 넣어 돌을 가지고 물매로 던져 블레셋 사람의 이마를 치매 돌이 그의 이마에 박히니 땅에 엎드러지니라 다윗이 이같이 물매와 돌로 블레셋 사람을 이기고 그를 쳐 죽였으나 자기 손에는 칼이 없었더라" 삼상 17:49~50

쉐펠라의 엘라 골짜기 아세가 언덕에 올랐다. 정상의 큰 상수리나무는 뜨거운 햇살을 가려 주는 여행자의 쉼터가 되기에 충분했다. 상수리나무가 많아 압살롬의 비극(삼하 18:9)을 떠올리게 하는 아세가는 블레셋 다섯 성읍 가운데 하나로 골리앗의 도시 가드에서 베들레헴에 이르는 길목에 위치한 군사 요충지였다. 예루살렘으로 가는 관문인 동시에 예루살렘을 지키는 마지막 보루인 셈이다. 이곳이 뚫리면 예루살렘 함락은 시간 문제이기에 이스라엘은 반드시 이곳에서 블레셋을 막아야 했다.

아세가 언덕 아래로 펼쳐진 다윗과 골리앗의 전투 현장을 내려다보며 다윗처럼 물매를 힘껏 던져 보았다. 돌 대신 솔방울을 던지려니 생각만큼 쉽지 않았다. 몇 번이나 반복해서 실패하며 다윗을 다시 보게 된다. 돌을 던져 투구와 갑옷으로 무장한 골리앗의 이마에 정확하게 박히는 것은 얼마나 어려운 일인지 모른다. 원심력을 이용하여 돌을 날리는 도구인 물매를 잘 사용하기 위해 다윗은 수없이 반복하며 연습했을 것이다.

사정거리 수백 미터에 이르는 물매는 양털로 만든 것과 짚처럼 식물 재질로 만든 것이 있다. 양털 물매가 훨씬 비쌌는데, 탄력성이 좋아 식물성 물매보다 파괴력이 좋기 때문이다. 이런 물매는 전쟁에 자주 사용되었다. 사사 시대 베냐민 지파에는 물매로 돌을 던지면 조금도 틀림이 없는 왼손잡이 물매꾼 7백 명이 있었다(삿 20:16).

앗수르 왕 산헤립도 예루살렘 공략에 앞서 라기스를 함락시킬 때 물매 부대를 동원했다(참고, 왕하 18:13~14). 라기스를 정복한 후 산헤립은 왕궁의 부조에 자랑스럽게 자신의 전공을 기록으로 남겼다. [3] 그 부조에는 성벽 위에서 쏟아지는 화살과 돌덩이를 막는 덮개 아래서 공성퇴를 설치하고 성곽을 공략하는 앗

---

[3] 라기스 전투 부조: 이라크 모술의 니느웨 성벽 벽화의 일부였던 것으로 현재 런던 대영박물관에서 볼 수 있다.

아세가 언덕에서 내려다본 엘라 골짜기. 동편 유대 산지 쪽으로 굽이쳐 돌아가는 골짜기에서 불가능한 싸움에 도전하는 대범한 믿음의 정기를 느낀다.

수르 군인들의 모습이 새겨져 있다. 제일 앞에 화살 부대가 있고, 가장 뒤에 물매 부대가 있는 것을 볼 수 있다.

블레셋의 골리앗을 상대하기 위해 다윗이 사용한 것도 물매였다. 당시 블레셋 군사들은 소고와 아세가 사이의 에베스담밈에 진을 쳤다. 사울 왕이 이끄는 이스라엘 군대는 블레셋의 공격을 막기 위해 예루살렘에서 이곳 엘라 골짜기로 내려와 진을 쳤다. 골짜기를 사이에 두고 이스라엘과 블레셋이 동서로 대치하고 있었다. 한쪽 언덕은 블레셋 군사들이, 다른 한쪽은 이스라엘 군사들이 전열을 갖추고 있었다(삼상 17:1~3).

이때 블레셋 진영에서 싸움을 돋우기 위해 가드 사람 골리앗이 나섰다. 신장이 3m가 넘는 골리앗은 자신과 싸울 사람을 내보내라며 이스라엘 군대를 모욕했다. 마땅히 나서야 할 사울 왕과 온 이스라엘은 크게 두려워할 뿐 아무도 나서지 않았다. 때마침 다윗이 아버지 이새의 심부름으로 형들을 위한 먹거리를 전하기 위해 전장에 도착했다. 살아 계신 하나님의 군대를 모욕하는 조롱 소리를 들은 다윗은 가만히 있을 수 없었다(삼상 17:26).

사울 왕은 다윗에게 칼을 내어 주고 군복과 놋 투구와 갑옷도 주었지만 익숙하지 않은 다윗은 그것을 벗어 버렸다. 대신 시내에서 매끄러운 돌 다섯 개를 골라 주머니에 넣고 물매를 가지고 블레셋 사람 골리앗을 향해 나갔다. 대범한 믿음과 함께 다윗은 골리앗을 향해 달려가며 물매로 돌을 던졌다. 그 돌은 골리앗의 이마에 정통으로 박혔다. 마침내 골리앗은 죽고 이스라엘은 대승을 거두었다.

"또 여호와의 구원하심이 칼과 창에 있지 아니함을 이 무리에게 알게 하리라 전쟁은 여호와께 속한 것인즉 그가 너희를 우리 손에 넘기시리라" 삼상 17:47

온갖 비아냥과 조롱으로 주의 교회를 훼방하는 이들, 한 줌도 안 되는 권세와 돈으로 주의 교회를 좌지우지하려는 오만한 이들, 주의 교회를 향한 비방의 말을 쏟아 내는 어리석은 이들, 개혁이라는 미명 아래 왜곡된 시선으로 교회를 허무는 이들, 주의 교회를 편향된 이념의 노예로 전락시켜 하나님을 욕되게 하는 이들이 많다. 이런 오늘의 골리앗 앞에 우리는 어떻게 응답하고 있는가? 사울 왕과 백성들처럼 두려움에 떨고 있는가? 아니면 다윗처럼 대범한 믿음으로 맞서고 있는가?

연자 맷돌로 기름 짜는 마레사

"누구든지 나를 믿는 이 작은 자 중 하나를 실족하게 하면 차라리 연자 맷돌이 그 목에 달려서 깊은 바다에 빠뜨려지는 것이 나으니라" 마 18:6

지중해 연안 블레셋 지역에서 헤브론에 이르는 지름길인 구브린(스바다) 골짜기 마레사를 찾았다. 미가 선지자의 예언에도 언급되는 마레사는 쉐펠라 지역 중심 도시로 르호보암이 요새화한 곳이다(대하 11:8, 미 1:15). 구스 사람 세라가 백만 대군을 이끌고 유다를 침공했을 때 아사의 간절한 부르짖음과 하나님의 기적적인 도움으로 승리한 곳이기도 하다(대하 14:9~14).

유다가 멸망하고 바벨론에 포로로 끌려간 이후, 에돔 사람들이 나바테아 사람들을 피해 이곳 쉐펠라 지역과 그 남방으로 들어와 정착했다. 헤브론을 수도로 삼고 마레사와 같은 도시를 건설했던 에돔 사람들이 살던 지역을 그리스 시대에 '이두매(Idumea)'라고 불렀다(막 3:8). 유대인들은 이 지역 사람들을 경멸했고 그들과 혼인도 하지 않았다. 헤롯 가문이 바로 이 이두매 출신이다.

마레사 주민들은 석회암 바위산을 깎고 파서 포도주용 포도를 재배하고, 올리브나무를 가꾸고, 밀과 콩을 생산하는 등 농부로서 생활을 꾸려 갔다. 그곳에서 올리브기름을 짜는 방앗간의 대형 연자 맷돌을 확인할 수 있다. 구조나 형식에 따라 크기와 무게가 다양한 연자 맷돌은 마레사뿐만 아니라 유대 산지의 벧엘, 갈릴리의 찌포리와 고라신 등 이스라엘 곳곳에서도 볼 수 있다.

가정에서 손으로 돌려 곡식을 으깨거나 빻는 데 쓰던 작은 맷돌과 달리 연자 맷돌은 주로 단단한 올리브 열매를 으깨서 기름을 만드는 데 사용했다. 이 맷돌은 사람이 움직이기도 했지만, 지름 120~150cm에 무게가 1t이 넘는 큰 것은 나귀나 낙

마레사의 올리브기름 짜는 연자 맷돌. 블레셋 사람들이 삼손에게도 돌리게 했던 연자 맷돌(삿 16:21)은 무게가 작게는 300kg에서 크게는 1t에 이른다.

타의 힘을 이용하여 돌리기도 했다.

예수님은 묵직한 연자 맷돌이 눈앞에 보이는 곳에서 작은 자 하나를 실족하게 하는 사람은 차라리 연자 맷돌을 목에 달고 깊은 바다에 빠뜨려지는 것이 더 낫다고 말씀하셨다. 누군가가 매달을 걸어 주듯 목에 연자 맷돌을 걸어 주는 것이 아니다. 스스로 목에 매야 한다. 이렇게 무거운 맷돌에 매인 채 바다 곧 갈릴리 호수에 빠지면 다시 살아날 방법이 없다. 애초에 다른 이들이 그 사람을 건져 낼 방법이 없는 것이다.

유대인은 누군가가 죽으면 당일 해 지기 전에 장례를 치러야 했다. 그러지 못하면 죽은 자에게 불명예일 뿐 아니라 장례를 제대로 치르지 못했기에 부활의 날도 맞이할 수 없다고 생각했다. 장례를 치러야 내세가 있다고 믿었던 이들에게 연자 맷돌을 목에 달아 깊은 바다에 빠뜨려지는 시신을 찾을 수 없는 죽음이란 가장 가혹한 저주의 형벌이었다.

작은 자 하나를 실족하게 하는 것이 얼마나 큰일이기에 예수님은 이토록 적나라하고 노골적인 저주를 선포하신 것일까? 거침없는 예수님의 이야기를 듣던 '나를 믿는 이 작은 자'는 어떤 심정이었을까? 반대로 이런 자를 실족하게 하던 이들은 어떤 심정이었을까?

실족이란 다른 사람으로 인해 마음이 다치거나 상처받아 죄를 범하게 되는 상태를 말한다. 마치 미끼를 물어 덫에 걸린 모습과 같다. 실족은 종종 교회에서 "누구누구 때문에 마음 상했어"라고 말하는 개인적이고 감정적인 차원뿐만 아니라 공적이고 사회적인 차원도 포함한다. 누군가를 실족하게 하는 것은 말과 행동으로 다른 사람의 마음을 상하게 하는 것만이 아니라 올바르게 생각하고 선택하지 못하도록 걸림돌을 놓아 넘어지게 하고, 올가미를 놓는 것이다.

실족하게 한 사람은 자기 잘못을 깨닫지도 인정하지도 못하는데, 넘어짐 가운데 실족의 어려움을 겪어 내며 아픔을 삼키는 이들이 얼마나 많은가? 세상의 소금 역할을 한다면서 상처 난 곳에 소금을 덧뿌리는 미련함을 거침없이 행하는 이들의 만행이 여전하다. 무심코 실족해도 괜찮은 작은 자가 있다고 여기며 누군가를 소외시키고 외면하는 사악함 또한 만연하다. 이 모든 악에서 벗어나려면 어찌해야 할까? 연자 맷돌의 육중한 무게만큼이나 누군가를 실족하게 하는 행위를 무겁게 받아들이는 것에서부터 시작해야 하지 않을까?

쥐엄나무 열매 이야기

"그가 돼지 먹는 쥐엄 열매로 배를 채우고자 하되 주는 자가 없는지라" 눅 15:16

구브린 골짜기 곳곳에서 진갈색의 열매가 구불구불한 가지에 가득 맺힌 쥐엄나무 군락을 볼 수 있다. 사마리아 산지나 쉐펠라 곳곳에서 자라는 쥐엄나무는 콩과의 상록수이다. 키가

2~10m 정도로 자라는데 야생에서 크기도 하지만 열매를 위해 재배되기도 한다. 요르단 암만에서는 쥐엄나무를 가로수로 심어 놓은 것도 볼 수 있다.

단백질이 풍부한 쥐엄나무 열매(Carob)는 씹으면 진한 단맛이 일품이다. 열매 분말로 만든 주스는 맛과 영양 면에서 만점 음료이다. 야곱이 이집트로 내려가는 아들들에게 바로를 위한 진상품으로 보낸 '꿀 조금'은 이 쥐엄나무 열매로 만든 시럽을 가리키는 것으로 저지방 고단백 영양식이다(창 43:11).

미국 고고학자 제임스 헨리 브레스티드(James Henry Breasted)가 『고대 이집트의 역사』에서 소개한 이집트 문헌에 따르면 중왕국 시기 이후 이집트에서도 쥐엄나무가 재배되었고, 그 열매가 귀하게 사용되었다. 람세스 3세 때 파라오가 신들에게 바친 봉헌 제물 목록에도 쥐엄나무 열매가 등장한다. 심지어 쥐엄나무로 만든 가구도 귀한 제물로 바쳐졌다. 다이아몬드의 무게 단위인 캐럿(Carat, 0.2g) 또한 쥐엄나무 열매 씨앗의 무게를 기준으로 한다.

쥐엄나무 열매를 생각하면 먼저 세례 요한이 떠오른다. '여자가 낳은 자 중에 가장 큰 사람'(눅 7:28)이라 불렸던 세례 요한은 광야에서 메뚜기를 먹었다(마 3:4). 그런데 그가 은둔 생활을 했을 당시 유대 광야나 모압 산지 어디에서도 곤충 메뚜기는 음식으로 사용할 만큼 흔하지 않았다. 반면에 그의 은둔지 인근에서 쥐엄나무 열매는 어렵지 않게 얻을 수 있었다.

세례 요한은 곤충 메뚜기가 아닌 식물 메뚜기 곧 쥐엄나무 열매를 먹었다. 메뚜기는 히브리어로 '하가빔'이고, 쥐엄나무는 '하루빔'이다. 아마도 서기관들이 필사 과정에 잘못 기록했을 가능성이 있다. 쥐엄나무의 영어 이름이 'Locust tree(메뚜기나무)'이고, 지금도 유대인의 영향이 짙은 미국에서 '메뚜기 콩' 곧 쥐엄나무 열매를 '세례 요한 빵(St. John's bread)'으로 부르는 것 또한 우연으로 넘길 수만은 없다.

현실적으로 보아도 쥐엄나무 열매는 말려서 보관할 수 있고, 당분과 단백질이 많아 광야의 은둔 생활에 적합한 양식이다. 실제로 중동이나 유럽에서는 기근이나 전쟁 시에 말린 쥐엄나무 열매를 식량으로 사용했다. 광야에서 은둔하던 세례 요한은 곤충 메뚜기를 잡아먹은 것이 아니라 쥐엄나무 열매를 저장해 두고 먹었던 것이다.

누가복음 15장의 비유에 등장하는 집을 나간 둘째 아들이 먹었던 쥐엄나무 열매 또한 소위 꿀꿀이죽 같은 하찮은 음식이 아니다. 유대인들이 금기시하던 돼지고기는 로마 제국에서 서민들의 음식이기보다 신들을 위한 제물로 중요하게 사용되었다. 갈릴리 동편 거라사인의 땅에서 대단위로 사육되던 돼지는 대부분 로마식 도시 데가볼리 지경의 여러 신전에서 쓰이는 제의 용품이었다(눅 8:32). 희생제물용 돼지를 치는 사료로서의 쥐엄나무 열매는 오늘날 '녹차 먹인 돼지', '인삼 먹인 돼지'의 녹차나 인삼처럼 귀한 것이다.

아버지 집을 떠난 둘째 아들이 돼지를 치며 쥐엄나무 열매로 배를 채우고자 한 것은 단순히 먹을 것이 없는 궁핍한 처지

구불구불한 쥐엄나무 가지에 맺힌 진갈색의 쥐엄나무 열매.
주의 길을 예비하던 성령의 사람 세례 요한과 아버지 집을 떠나 돼지 치던 둘째 아들이 먹었다.

만을 보여 주는 것이 아니다. 그가 이방 신전에 제물로 바쳐질 돼지를 칠 정도로 갈 데까지 다 간 비참한 인생을 살았음을 보여 주는 것이다. 아무리 먹고사는 게 다급하다 해도 어떻게 이방 신전의 제물이 될 돼지를 치며, 그 돼지가 먹는 쥐엄나무 열매를 먹겠다고 할 수 있는지 한심하고 답답하기 그지없다.

아버지 집을 떠난 인생은 단순히 배고프고 궁핍한 처지에만 놓인 것이 아니었다. 명예도 체면도 자존심도 다 망가진 채 이방 신전의 노예로 전락하고 말았던 것이다. 살았으나 짐승과 같은 처지가 되어 버리고 말았다. 사람이 살면서 떨어질 수 있는 가장 비참하고 비굴한 자리까지 떨어진 것이다.

|

유네스코 세계유산 벨 케이브

"그러므로 다윗이 그곳을 떠나 아둘람 굴로 도망하매 그의 형제와 아버지의 온 집이 듣고 그리로 내려가서 그에게 이르렀고 환난당한 모든 자와 빚진 모든 자와 마음이 원통한 자가 다 그에게로 모였고 그는 그들의 우두머리가 되었는데 그와 함께 한 자가 사백 명 가량이었더라" 삼상 22:1~2

석회암 지대인 구브린 골짜기 안쪽에는 자연적으로 형성된 동굴과 인공적으로 만든 동굴이 많다. 특히 독특한 대리석 채석 방법으로 인해 형성된 종(bell) 모양의 석회암 동굴인 벨 케이브는 신비롭기까지 하다. 그 골짜기에는 5백여 개의 종 모양 동굴이 있고, 40~50개의 동굴 그룹이 지하 통로를 통해 서로 연결되어 있는데, 가장 큰 동굴은 높이가 18m나 된다.

채석장으로 사용되던 벨 케이브는 주거 공간으로도 사용되었다. 수십 수백 명이 생활하기에 충분했을 이곳 동굴들은 1천 8백여 년에 걸친 채석과 지속적인 사용으로 그 가치를 인정받아 2014년 유네스코 세계유산에 등재되었다.

한낮의 뜨거운 더위를 식혀 주는 시원한 동굴을 둘러보며 이곳에서 멀지 않은 어딘가에 있었을 아둘람 굴의 다윗과 그의 사람들을 생각한다. 다윗은 사울의 추격을 피해 블레셋의 가드로 도망쳤다. 하지만 그곳 사람들이 자신을 알아보자 미친 체하며 목숨을 연명해야 했다(삼상 21:10~15). 결국 가드에도 머물 수 없어 아둘람의 어느 동굴로 숨어들었던 다윗의 심정은 참담했을 것이다. 블레셋과 이스라엘 땅의 경계에 선 다윗, 어느 곳에서도 편히 쉴 수 없었던 그는 얼마나 삶이 고단하고 힘겨웠을까?

'어쩌다 내 인생이 이런 자리까지 오게 되었지?'

그런 다윗 곁에 하나둘 사람들이 모여들었다. 형제들과 집안사람들, 억눌려 지내는 사람들, 빚을 지고 허덕이는 사람들, 삶에 대한 불평불만으로 가득한 사람들이 모여들었다. 고단한 다윗에게 큰 도움이 되지 못할 것 같은, 인생 바닥까지 떨어진 상처투성이들이 모여들었다.

그러나 그런 사람들과 함께하는 시간은 다윗을 다시 일으켜 세우는 치유와 회복의 시간이었다. 다윗과 함께하는 시간 속

이 땅에 없는 신비의 세계를 만난 듯한 벨 케이브,
수백 명이 충분히 머물 수 있을 동굴이
또 다른 동굴들과 네트워크처럼 연결되어 있다.

에 그들 또한 새로운 역사를 써 나갈 동지가 되어 갔다. 상처투성이들이 모인 아둘람 굴에서 도대체 어떤 일이 있었기에 그런 인물들이 길러질 수 있었던 것일까 자못 궁금하다.

"이 시대의 사역자는 상처 입은 치유자입니다. 우리 자신이 입은 상처로 인하여 우리는 다른 사람들에게 생명을 주는 원천이 될 수 있습니다." 헨리 나우웬, 『상처 입은 치유자』

왜 에셀나무를 심었을까?

"아브라함은 브엘세바에 에셀나무를 심고 거기서 영원하신 여호와의 이름을 불렀으며" 창 21:33

'브엘세바에서 단까지'라는 말은 '한라에서 백두까지'처럼 이스라엘 땅 전체를 통칭하는 표현이다. 네게브 광야가 시작되는 브엘세바는 고대 이스라엘에서 정착 문명이 가능한 최남단 지역이다.

'브엘세바'라는 이름은 '맹세의 우물' 또는 '일곱 개의 우물'을 뜻하는데, 아마 아브라함과 이삭이 가나안 왕 아비멜렉과 맺은 맹세(창 21:31, 26:28) 그리고 물이 풍성한 지형에서 기인했을 것이다. 문자적으로 브엘세바에 우물 일곱 개가 있었던 것이라기보다 마른 시내와 여러 우물이 있어 물이 풍성했기에 그렇게

텔 브엘세바 입구의 네 뿔 달린 불법의 제단(모형), 그 뒤로 우측에서부터 싯딤나무와 대추야자나무(종려나무) 그리고 에셀나무가 서 있다.

불린 것으로 볼 수 있다.

여기서 한 가지 착각하지 말아야 할 것이 있다. '바로(Pharaoh)'나 '아비멜렉(Abimelech)'을 어떤 특정인을 지칭하는 고유명사로 생각하고 '저 사람은 죽지 않고 왜 이렇게 오래 살지?'라고 물어서는 안 된다. '큰 집'이라는 뜻의 바로와 '아버지는 왕이다'라는 뜻의 아비멜렉은 우리말 '상감마마'나 '전하'와 같이 이집트와 가나안의 왕을 가리키는 일반명사일 뿐이다. 아브라함이 맹세했던 아비멜렉과 이삭이 맹세했던 아비멜렉은 서로 다른 가나안 왕이었다.

텔 브엘세바 유적지에 들어서면 싯딤나무, 대추야자나무(종려나무), 에셀나무와 함께 '네 뿔 달린 제단(The Horned Altar)'이 눈에 들어온다. 이곳에서 발굴된 BC 8세기경 히스기야 시대의 제단 모형으로, 원형은 이스라엘 박물관에 소장되어 있다. 사방 1.5m 남짓 입방체로 되어 있는 이 제단은 다듬어진 돌로 제단을 쌓지 말라는 율법(신 27:6)을 어긴 불법의 제단이기도 하다. 사용된 돌 중 하나에 이집트 왕 바로의 상징인 뱀 모양이 새겨져 있는 것을 볼 때 이방 종교와 혼합된 우상을 섬기던 제단으로 짐작할 수 있다(암 8:14).

시내 광야나 네게브 광야에서 종종 볼 수 있는 싯딤나무는 우기철에 흐르는 물을 머금어 반년의 건기를 견디면서 다음 우기철까지 생존하는 광야의 나무이다. 광야에서 살아가는 베두인에게는 이정표가 되는 광야 길의 등대이기도 하다. 성경에서 조각목(皂角木)으로도 불리는 싯딤나무는 법궤를 비롯한 성막을 만드는 주재료로 쓰였다.

그 주변에는 아브라함의 언약을 기억하게 하는 에셀나무도 있다. 싯딤나무보다 더 많은 물이 있어야 하기에 강이나 마른 시내, 오아시스 지역에서 볼 수 있는 에셀나무는 물이 풍성한 브엘세바에서도 잘 자라고 있다.

소돔과 고모라의 멸망 이후 헤브론 마므레를 떠나 남방 네게브로 내려온 아브라함은 그랄을 거쳐 이곳 브엘세바에 거주했다. 그랄 왕 아비멜렉과 평화 조약을 맺은 후 그는 자신이 이곳에 우물을 판 증거로 암양 새끼 일곱을 따로 내어놓았다. 이일을 계기로 이곳을 브엘세바로 이름 지은 아브라함은 에셀나무를 심고 영원하신 여호와의 이름을 불렀다(창 21:22~33).

성경 시대 고대인들에게 돌을 쌓아 경계를 표시하거나 자신이 믿는 신의 이름을 부르는 것은 자연스러운 일이었다. 다만 브엘세바 같은 광야 들판에 돌을 쌓아도 제대로 눈에 띄지 않았을 것이다. 또 네게브 광야에서 흔히 볼 수 있던 싯딤나무는 특별한 의미를 담기에 조금 부족했다. 그래서 아브라함은 영원하신 여호와의 이름을 오래도록 기억하고 기념하고 싶어서 네게브 광야에서 흔하지 않은 에셀나무를 심었던 것이다.

이삭이 우물을 팠던 브엘세바

"이삭이 거기서부터 브엘세바로 올라갔더니 … 이삭이 그곳에 제단을 쌓고, 여호와의 이름을 부르며 거기 장막을 쳤더니 이삭의 종들이 거기서도 우물을 팠더라" 창 26:23, 25

해발 300m 높이에 위치한 텔 브엘세바에는 BC 8세기경 히스기야 시대의 유적이 남아 있다. 70여 가구 3백여 명의 주민이 살았을 이곳은 남쪽으로 브엘세바강과 북쪽으로 헤브론강이 흐르고 있어서 물이 풍성하다.

브엘세바 성문 앞에는 아브라함 시대부터 있었을 법한 깊이 70m의 오래된 우물이 있다. 우물을 살펴보노라니 이곳에서 나고 자랐지만 아버지로부터 받은 돌이킬 수 없는 상처로 말미암아 이곳을 외면했던 사람, 그러나 결국 이곳으로 돌아와 우물을 파고 그 아버지의 하나님께 제단을 쌓았던 사람, 이삭의 애잔한 인생이 그려진다.

아들을 번제물로 바친 믿음의 아버지 아브라함의 영웅적인 이야기 속 또 다른 주인공인 아들 이삭의 마음을 찬찬히 따라가 보자. 믿음 좋은 아버지를 따라 브엘세바에서 헤브론, 헤브론에서 베들레헴, 그리고 베들레헴에서 모리아산(예루살렘)까지 사흘 길을 걸으며 아들은 무슨 생각을 했을까? 모리아 땅 산기슭에 도착하여 땔감을 메고, 불과 칼을 든 아버지와 그리 높지 않은 언덕을 오르던 아들은 어떤 마음이었을까? 짊어진 땔감의 무게만큼이나 무거운 자신의 운명을 직감하고 있지 않았을까?

저항하지 않았는지 아니면 저항할 수 없었는지, 아들은 손발이 묶인 채 제단 위에 놓였다. 눕혀져 있던 아들의 얼굴에는

아브라함 시대부터 있었을 법한
텔 브엘세바 성문 앞 오래된 우물(위)

〈아브라함의 제사〉
(1635년, 렘브란트,
상트페테르부르크 에르미타주 미술관),
수없이 보아 온 그림이지만 아버지
아브라함의 희생적인 믿음과 고뇌가
아닌 아들 이삭의 깊은 상처(Trauma)를
보게 된 것은 그리 오래지 않다.(아래)

한낮의 눈부신 햇살이 내리쬐었을 것이다. 그 순간 아들에게 아버지 아브라함과 그 아버지의 하나님은 어떤 존재로 다가왔을까? 죽음 앞에 순응하며 모든 것을 체념한 채 눈을 감고 있었을 아들에게는 한낮의 밝은 빛도 깊은 흑암, 어두움 그 자체였을지 모른다.

다행히 아들 번제 사건은 중단되었고 아들은 죽음의 문턱에서 살아나 눈을 떴다. 아들은 아버지의 칼을 멈춰 세운 하나님께 그저 감사했을까? 그렇게 믿음 좋은 아버지의 아들 번제 사건이 지나가고 아들은 사라졌다. 브엘세바 집에는 아버지 홀로 돌아왔다(창 22:19). 그제야 이 모든 일의 진상을 알았는지 이삭의 어머니 사라도 남편을 떠나 헤브론 곧 기럇아르바에서 살다 홀로 죽음을 맞게 된다(창 23:2).

아들은 예전에 아버지에게 버려진 또 다른 아들 이스마엘의 흔적이 묻어 있는 네게브 광야 브엘라해로이로 내려가 그곳에서 살았다(창 24:62). 아버지가 죽은 후에도 브엘세바가 아닌 네게브 광야에 머물던 아들은 흉년에 그랄로 가서 아버지 때 팠던 우물을 다시 팠다. 그렇게 떠밀리고 떠밀려서 여전히 마주 대하기 힘겨웠을 아버지 흔적으로 가득한 브엘세바에 올라온 이삭. 그날 밤 하나님은 오랜 침묵의 기다림을 깨고 아들 이삭에게 나타나 말씀하신다.

"그 밤에 여호와께서 그에게 나타나 이르시되 나는 네 아버지
아브라함의 하나님이니 두려워하지 말라 내 종 아브라함을 위

하여 내가 너와 함께 있어 네게 복을 주어 네 자손이 번성하게
하리라 하신지라" 창 26:24

아들은 아버지처럼 그곳에 제단을 쌓고, 여호와의 이름을 부르며 장막을 쳤다. 아들의 종들은 거기서 또 우물을 팠다. 그동안 아들 이삭이 그토록 두려워했던 것은 무엇일까? 온 세상이 칭찬하는 믿음 좋은 아버지, 그런데 아들은 그런 아버지처럼 믿음 좋은 사람 되는 것이 한없이 두려웠는지도 모른다. 누군가를 희생시키는 폭력으로 자신의 의로움을 이루는 것이 진정 참된 신앙인지 그는 깊이 회의할 수밖에 없었을 것이다.

이런 상처로 가득했던 아들을 충분히 기다려 주신 후에야 하나님은 "나는 네 아버지 아브라함의 하나님이니 두려워하지 말라"라는 말씀으로 찾아오셨다(창 26:24). 오랜 방황의 끝에 선 아들은 그제야 자신의 상처와 고통을 아시고 어루만져 주시는 아버지의 하나님을 새롭게 느끼기 시작했을 것이다.

살다 보면 믿음 없는 사람과 함께하는 것이 아픔이 되고 무거운 짐이 될 때가 있다. 그러나 믿음 있는 사람, 그것도 믿음이 너무 좋다는 사람과 함께하는 것도 누군가에게는 그에 못지않게 힘겨울 때가 있다. 혹 우리의 믿음 좋음이 가장 가까운 누군가에게 잔혹한 폭력이 된 적은 없는지, 돌이킬 수 없는 상처만 남기고 있는 것은 아닌지 주위를 돌아보게 된다.

3 비를 흡수하는 땅, 유대와 사마리아 산지

네가 들어가 차지하려 하는 땅은 네가 나온 애굽 땅과 같지 아니하니 거기에서는 너희가 파종한 후에 발로 물 대기를 채소밭에 댐과 같이 하였거니와 너희가 건너가서 차지할 땅은 산과 골짜기가 있어서 하늘에서 내리는 비를 흡수하는 땅이요 내 하나님 여호와께서 돌보아 주시는 땅이라 연초부터 연말까지 네 하나님 여호와의 눈이 항상 그 위에 있느니라
신 11:10~12

물 댄 동산 같은 이집트 고센 땅을 흐르는 나일강 하수

남북으로 길게 뻗은 가나안 땅은 서부 해안 평야와 중앙 산지 그리고 요단 계곡으로 형성되어 있다. 출애굽 후에 이스라엘 백성이 정착한 곳은 대부분 중앙 산지였다. 중앙 산지는 남쪽 헤브론에서 예루살렘에 이르는 유대 산지와 벧엘에서 세겜을 지나 사마리아에 이르는 사마리아 산지 그리고 이스르엘 골짜기 너머 갈릴리 산지로 이어진다.

가장 낮은 곳이 해발 450m이고 가장 높은 곳은 1,200m나 되는 중앙 산지는 비옥한 땅이 적고, 지형이 높고 폐쇄적이다. 그럼에도 하나님은 이런 땅을 산과 골짜기가 있어서 하늘에서 내리는 비를 흡수하는 땅이요, 하나님이 친히 돌보시는 땅이라고 말씀하셨다.

이스라엘 백성이 떠나온 이집트 지역 대부분은 사막으로 이루어졌지만, 나일강과 함께 풍요로웠다. 이집트의 물들과 강들과 운하와 못과 모든 호수(출 7:19)는 나일강 물을 끌어다 사용했다. 물이 마르지 않는 나일강이 있었기에 그 땅은 수천 년 동안 문명을 이어 올 수 있었고, 지금도 1억 명 넘는 사람이 나일강변에서 살아가고 있다.

이집트 사람들은 강물을 육지까지 끌어오는 수로를 만들어 농사를 지었다. 비는 많이 내리지 않았지만, 나일강 주변 땅은 아주 기름졌다. 그곳에서 수많은 곡식과 채소와 과일을 재배하며 풍성함 가운데 살았다. 그 땅에서 재배된 식물들을 직접 보면, 아브라함을 떠난 롯이 물이 넉넉한 요단 지역을 바라보며 풍요의 상징인 여호와의 동산과 함께 이집트 땅을 떠올린 이유를 알 것만 같다(창 13:10).

그러나 물이 많은 땅 이집트를 떠나온 출애굽 백성이 차지할 땅은 이집트 땅 같지 않았다. 그 땅은 채소밭에 씨를 뿌리고 발로 물을 대던 풍요의 땅과 달랐다. 그 땅은 하늘에서 내리는 비를 흡수하는 산과 골짜기의 땅이었다. 강이나 시내, 샘이나 우물이 많지 않은 메마른 그 땅은 비가 절실한 땅이었다.

그래서 가나안 땅 사람들은 바알(Baal, 하늘)을 숭배했다. 남성인 바알 신이 여성 신 아세라(Asherah, 땅)에게 비를 내리면, 이로 인해 땅이 수확하게 되는 것이 바알 신앙의 기본 원리이다. 더욱이 바알은 바람, 구름, 천둥, 번개 곧 '비'를 주관하는 뇌성(雷聲)의 신이기도 했다. 물이 귀한 땅에서 바알을 의지하지 않고는 농업도 목축도 존재할 수 없었다. 이렇듯 비가 절실한 땅, 바알을 숭배하는 땅을 앞에 두고 모세는 출애굽 백성을 향해 담담하게 선포했다.

"주 당신들의 하나님이 몸소 돌보시는 땅이고, 주 당신들의 하나님의 눈길이 해마다 정초부터 섣달 그믐날까지 늘 보살펴 주시는 땅입니다." 신 11:12, 새번역

그렇다. 상황이 어떠하든 하나님이 우리를 돌보신다. 풍요를 위한 또 다른 바알 숭배가 넘쳐 나는 세상이지만 여전히 하나님만이 우리를 돌보는 분이시다. 그 하나님의 눈이 일 년 365일 우리 삶 위에 있음을 믿음으로 바라본다.

믿음의 조상들이 잠든 헤브론

> "아브라함의 향년이 백칠십오 세라 그의 나이가 높고 늙어서 기운이 다하여 죽어 자기 열조에게로 돌아가매 그의 아들들인 이삭과 이스마엘이 그를 마므레 앞 헷 족속 소할의 아들 에브론의 밭에 있는 막벨라 굴에 장사하였으니 이것은 아브라함이 헷 족속에게서 산 밭이라 아브라함과 그의 아내 사라가 거기 장사되니라" 창 25:7~10

유대 산지 남쪽 도시 헤브론은 5천여 년 전부터 사람들이 살고 있던 도시다. 출애굽 이후 모세는 갈렙을 비롯한 정탐꾼들을 헤브론으로 보냈고, 갈렙은 거인족 아낙 사람들이 살고 있던 헤브론을 믿음으로 취했다(수 14:12~15). 다윗이 기름 부음을 받고 왕으로 즉위해서 예루살렘으로 옮기기까지 7년 6개월 동안 이곳 헤브론에서 이스라엘을 다스렸다(삼하 5:1~5).

무엇보다 이곳은 가나안 땅에 들어온 아브라함이 정착한 곳이자 살고 묻힌 곳이다. 조카 롯이 떠난 후 헤브론으로 옮겨 온 아브라함은 마므레 상수리 수풀에 단을 쌓고 그곳에 거주했다(창 13:18, 14:13). 그는 아내 사라가 죽자 막벨라 굴을 헷 족속에게 은 4백 세겔을 주고 사들여 무덤을 삼았고(창 23:1~24), 그 후 아브라함 자신도 이곳에 묻혔다. 이삭과 리브가 그리고 야곱과 레아도 이곳에 묻혔다(창 49:31, 50:13, 14).

유대 역사가 요세푸스(Flavius Josephus)의 기록에 의하면 BC 20년경 헤롯 대왕은 유대인의 환심을 사기 위해서 가로 61m, 세로 36m, 높이 15m 규모의 거대한 건물을 지붕이 없는 형태로 막벨라 굴 위에 세웠다고 한다. 이곳은 기독교인들은 물론 아브라함을 조상으로 여기는 유대인들과 무슬림들에게도 예루살렘 다음가는 성지로 여겨지고 있다.

현재 팔레스타인 자치 지구인 헤브론은 막벨라 굴을 비롯한 주요 장소를 이스라엘이 장악하고 있어서 분쟁이 끊이지 않는다. 그래서 예루살렘에서 한 시간도 걸리지 않는 곳임에도 방문이 쉽지 않다. 유대인 정착민들과 이들을 보호하는 이스라엘 군대, 그리고 헤브론 주민들 사이에 무거운 긴장이 흐르는 막벨라 사원의 절반은 유대인 회당으로, 나머지 절반은 무슬림 사원으로 사용되고 있다. 비록 구역은 나뉘어 있지만 한 건물 안에서 유대인과 무슬림이 예배하는 유일한 곳이다.

신분 확인과 가방 검색을 마친 후 무장한 군인들의 보호를 받으며 그곳에 들어섰다. 유대인 구역 안으로 들어가 아브라함과 사라 그리고 야곱과 레아의 무덤을 둘러보았다. 막다른 담 너머 이삭과 리브가의 무덤을 보려면 밖으로 나가 반대편 무슬림 구역으로 다시 들어가야 했다. 믿음의 선조들이 묻힌 흔적 앞에 서자 삶의 끝자락과 그 뒤에 남겨질 흔적을 다시 생각하게 된다.

막벨라 사원을 돌아보고 나오는 길에 헤브론으로 현장 학습 나온 이스라엘 여고생들과 인솔 교사를 만났다. 재잘거리는

헤브론 막벨라 사원으로 현장 학습 나온 이스라엘 여고생들과 어우러진 여행자들, 그러나 같은 또래의 팔레스타인 청소년들은 이곳을 자유롭게 찾을 수 없다.

학생들의 웃음소리 속에 함께 어우러져 사진도 찍었다. 그런데 순간 인솔 교사의 허리춤에 위급 상황 대처를 위해 차고 있던 총기가 눈에 들어왔다.

마냥 즐거울 수만 없는 무거운 마음으로 그 자리를 벗어나 골목으로 들어섰다. 그러자 우리를 맞아 준 것은 먼지 쌓인 세라믹 기념품을 들고 '원 달러(One dollar)'를 외치는 팔레스타인 청소년들이었다. 교육의 기회를 잃어버린 채 거친 삶을 살아내는 아이들을 보며, 또 긴장감으로 가득한 헤브론을 떠나오면서 끊임없이 질문이 되뇌어진다.

'이 땅이 성지라면, 하나님은 과연 이 땅 어느 곳에 계신 것일까? 이 땅은 실제로 무엇에 지배되고 있는가? 거대한 수용소에 갇힌 저들에게 가장 절실한 희망은 무엇일까? 교회는 이 절망의 땅을 위해 무엇을 할 수 있는가?'

산당이 있던 나비 사무엘

"솔로몬이 여호와를 사랑하고 그의 아버지 다윗의 법도를 행하였으나 산당에서 제사하며 분향하더라 이에 왕이 제사하러 기브온으로 가니 거기는 산당이 큼이라 솔로몬이 그 제단에 일천 번제를 드렸더니" 왕상 3:3~4

베들레헴에서 예루살렘을 거쳐 골짜기 길을 따라 기브온 산당이 있던 나비 사무엘을 찾았다. 사무엘 선지자와 관련한 여러 전설이 얽혀 있는 이곳은 그의 무덤으로 알려진 곳이다. 이곳 옥상에 올라서면 베냐민 지파의 땅이 한눈에 들어오고 멀리 지중해에서 예루살렘까지 조망할 수 있다. 나비 사무엘 옥상에서 예루살렘을 바라보며 솔로몬의 일천 번제(一天 燔祭)와 그의 지혜에 대해 다시 생각한다.

하나님을 향한 사랑과 헌신의 상징처럼 알려진 솔로몬의 일천 번제는 일천 번의 제사를 말하는 것일까? 아니면 일천 마리 희생제물을 드린 제사일까? 그것도 아니면 다른 무엇을 의미하는 것일까?

기브온 산당의 번제단은 가로 세로 2.5m, 높이 1.5m 정도로 희생제물을 한꺼번에 여러 마리 바칠 수 있는 크기가 아니었다(대하 1:3~5). 양이나 염소, 소를 도축한 후 불태워 드리는 번제에 걸리는 시간과 예루살렘 성에서 기브온 산당을 오가는 거리, 그리고 번제에 사용될 땔감과 물의 양을 생각하면 하루에 한두 마리를 바치는 것으로도 빠듯하다.

한 나라의 왕인 솔로몬이 반나절을 걸어가서 번제물을 바치는 자가 직접 도축하고 제사장은 거들도록 되어 있는 레위기의 제사법(레 1:6)을 따라 직접 제물을 도축한 후 번제를 드리고 밤늦게 다시 왕궁으로 돌아오는 일을 매일 이어 갈 수 있었을까? 이 일을 열흘만 했다고 해도 백성에게는 대단히 인상적으로 다가왔을 것이다.

성경의 모든 수를 수학적 엄밀성을 가진 숫자로 보아야 할 필요는 없다. 때로는 일상적이고 관용적인 표현으로 읽어야 한다. 특히 '일천'은 '완전한 수', '가득 찬 수'로 읽는 것이 자연스러울 때가 많다(창 24:60, 신 33:17, 수 23:10, 삼상 18:7, 욥 1:3, 계 5:11 등).

솔로몬의 '일천 번제'는 일천 번 제사를 드렸다거나 일천 마리의 번제물을 드렸다는 것이 아니라, 그날 그가 하나님 앞에 온전하고 충분해서 더할 나위 없이 훌륭한 제사를 드렸다는 의미이다. 어쩌면 그의 제사를 본 백성들이 '사울은 천천이요, 다윗은 만만이로다'라는 칭송처럼 일천 번제라고 극찬한 것일 수도 있다.

피비린내 나는 대대적 숙청으로 시작된 솔로몬의 통치는 "애굽의 왕 바로와 더불어 혼인 관계를 맺어 그의 딸을 맞이하고 다윗 성에 데려다가" 두었다는 말씀으로 시작된다(왕상 3:1). 하나님을 사랑하고, 성전을 건축하고, 평화를 이룬 그의 통치를 관통하는 지혜가 진정 하나님의 지혜였는지를 반문하게 하는 대목이다. 특히 그는 신명기 말씀에 규정된 '왕이 해서는 안 되는 세 가지'를 집중적으로 행했던 왕이었다.

"①그는 병마를 많이 두지 말 것이요 병마를 많이 얻으려고 그 백성을 애굽으로 돌아가게 하지 말 것이니 이는 여호와께서 너희에게 이르시기를 너희가 이후에는 그 길로 다시 돌아가지 말 것이라 하셨음이며 ②그에게 아내를 많이 두어 그의 마음이 미혹되게 하지 말 것이며 ③자기를 위하여 은금을 많이 쌓지 말 것이니라" 신 17:16~17

솔로몬은 애굽의 병거와 말을 의존하고, 므깃도를 비롯한 곳곳에 군사 전략 도시를 건설했다(왕상 9:15~19, 10:26~29). 그는 일천의 외척과 처첩을 두었고(왕상 11:1~3), 엄청난 양의 금을 거두어들이고 많은 진상품을 받기도 했다(왕상 10:14~25).

온갖 지식을 추구하며 금을 좋아하고, 여러 여인을 곁에 두며 권력을 취하고, 군사력과 외척을 가까이하고, 성전을 건축하지만 자기 왕궁을 더 크고 화려하게 건축하고, 제사장과 선지자를 멀리한 채 직접 제사하는 솔로몬, 온갖 세상 것을 다 누린 솔로몬의 삶이 진정 하나님의 지혜였을까? 그가 죽은 후 그의 아들 르호보암을 찾은 백성들의 외침을 들어 보면 솔로몬의 지혜로 이룬 평화가 은혜로 얻은 백성들의 평화가 아닌 솔로몬만의 평화(Pax Solomon)가 아니었나 싶다.

> "왕의 아버지가 우리의 멍에를 무겁게 하였으나 왕은 이제 왕의 아버지가 우리에게 시킨 고역과 메운 무거운 멍에를 가볍게 하소서 그리하시면 우리가 왕을 섬기겠나이다" 왕상 12:4

일의 결국은 여호와를 경외하는 것이다(전 12:13). 지혜의 방향이 여호와를 경외하는 것이 아닌 자신을 위하는 것이라면 그 지혜는 더 이상 하나님의 지혜가 아닌 인간의 영악한 잔머리에 불과할 뿐이다.

기브온 산당이 있던 자리이자 사무엘의 무덤으로 알려진 나비 사무엘.
예루살렘에서 반나절 거리 떨어져 있다.

달이 떠 있는 아얄론 골짜기

"여호와께서 아모리 사람을 이스라엘 자손에게 넘겨주시던 날에 여호수아가 여호와께 아뢰어 이스라엘의 목전에서 이르되 태양아 너는 기브온 위에 머무르라 달아 너도 아얄론 골짜기에서 그리할지어다 하매" 수 10:12

나비 사무엘 옥상에서 기브온 땅을 바라보았다. 기브온과 아얄론 골짜기 사이 벧호론 비탈길을 내리달아 아모리 족속 연합군을 기습 공격하던 여호수아와 그의 군대가 자연스레 떠오른다. 여호수아의 기습 공격에 쫓겨 비탈길을 내달리던 아모리 족속은 화살같이 쏟아지는 큰 우박 덩어리에 죽어 가며 어떤 생각을 했을까?

여호수아의 외침과 함께 태양이 머물고 달이 멈추었다는 말씀(수 10:13)은 과학의 언어가 아닌 일상의 언어로 읽어야 한다. 기브온과 아얄론 골짜기는 동서로 일직선상에 놓여 있는데 약 20km 정도 떨어져 있다. 아침에 기브온 쪽에서 해가 뜨고 저녁에 아얄론 골짜기 쪽으로 해가 진다. 이 말씀은 아침에 기브온에 해가 뜰 때 아얄론 골짜기에 달이 떠 있는 그 모습을 떠올리게 한다.

이른 아침 태양이 동쪽에 떠오르고 서쪽에 선명하게 달이 떠 있는 모습을 한 번쯤은 본 적이 있을 것이다. 여호수아는 종일 싸우다 시간이 부족해서 해와 달을 멈춰 달라고 기도한 것이 아니라 너무나 길고 지난한 싸움을 승리로 마친 감격을 고백했을 뿐이다.

늦은 봄날, 여호수아의 군대는 먼동이 터서 해가 지기까지 열네 시간 안팎의 전투를 벌였다. 길갈에서 밤새 달려온 그들은 날이 밝자 순식간에 비탈을 올라 아모리 족속 앞에 모습을 드러냈다. 여호수아의 군대를 비추는 햇살이 마치 실루엣처럼 후광이 되었고, 그들은 벧호론 비탈길을 내리달아 기습 공격을 감행했다.

떠오르는 햇살에 눈이 부신 아모리 족속은 제대로 눈을 뜰 수 없었고, 혼비백산하여 도망치기 바빴다. 게다가 가나안의 신 바알을 떠올리게 하는 우박까지 빗발치는 화살처럼 아모리 족속을 공격하는 듯했다. "바알도 저 여호수아의 군대를 돕는단 말인가?" 하는 탄식이 곳곳에서 터져 나왔다. 태양의 붉은빛에 물든 큰 우박 덩어리가 쏟아져 내리고 있었다(수 10:11). 아모리 족속 연합군은 그야말로 손을 쓸 수도 없이, 눈을 뜰 수도 없는 상황 앞에 무너지고 말았다.

해와 달이 문자적으로 멈추어 전 지구적인 혼돈이 있었다고 생각해야만 하나님의 창조와 통치를 믿는 신앙인이 되는 것은 아니다. 성경을 과학 교과서가 아닌 일상을 사는 평범한 이들의 시선으로 읽어도 충분히 하나님이 천지 만물을 창조하셨음을 믿고, 성경이 보여 주는 창조의 하나님을 믿을 수 있다.

나비 사무엘 옥상에서 바라본 기브온 땅.
오른쪽 기브온 성읍에서 왼쪽으로 이어지는 벧호론 비탈길로 도망치는
아모리 연합군 위로 하늘에서 큰 우박 덩어리가 떨어졌다.

야곱이 누웠던 벧엘

"야곱이 브엘세바에서 떠나 하란으로 향하여 가더니 한곳에 이르러는 해가 진지라 거기서 유숙하려고 그곳의 한 돌을 가져다가 베개로 삼고 거기 누워 자더니" 창 28:10~11

족장로를 따라 사마리아 산지가 시작되는 벧엘에 이르렀다. 석회암 산지인 벧엘에는 청동기 시대 마을 흔적이 남아 있다. 2천 5백 년 전 올리브기름을 짜던 틀이 있는 동굴, 타작마당, 동굴 무덤, 물 저장고, 망대 등이다. 특히 벼락으로 불에 타 죽어 가던 수령 1천 년이 되는 상수리나무가 다시 살아나 생명을 꽃피우고 있는 것이 인상적이다.

북왕국 이스라엘의 여로보암은 이곳 벧엘과 북쪽 단에 금송아지를 하나씩 세우고, 산당을 지었다(왕상 12:28~31). '높은 곳'을 의미하는 '산당(山堂)'은 산 위에 있는 신전이었다. 주로 가나안의 바알 신전이 있던 곳이지만, 기브온 산당처럼 하나님께 제단을 쌓았던 곳도 있었다. 그러나 성전이 건축된 이후 산당은 철저하게 우상 숭배의 공간이 되었다.

그 시절의 산당은 특정한 건물이기보다 상수리나무와 같이 영험해 보이는 나무나 돌이 있는 공간을 의미했다. 호세아 선지자는 이스라엘이 나무 그늘에서 우상 숭배와 함께 음행하는 것을 책망했다(호 4:13). 이사야 선지자는 그들이 기뻐하던 상수리나무로 말미암아 부끄러움을 당할 것이라고 했으며(사 1:29), 에스겔 선지자는 우상 숭배하던 상수리나무 아래서 죽음을 맞게 될 것을 경고했다(겔 6:13).

산당이 신전 같은 특정한 건물이었다면 허물고 제거하는 것이 좀 더 쉬웠을 것이다. 그러나 산당은 건물이 아니라 공간이기에 영험한 나무를 베어 버리고 돌을 깨뜨린다 할지라도 그곳의 또 다른 나무나 돌을 산당으로 삼아 숭배하면 그만이었다. 그래서 산당을 제거하는 일은 이스라엘 역사상 가장 어려운 종교 개혁이었다. 인간의 탐심이 만들어 내는 수많은 우상을 분별하고, 그것에서 돌이켜 하나님만 섬기는 것은 일평생 싸우고 또 싸워야 할 신앙의 씨름이기도 하다.

문득 벧엘 어디에선가 돌로 베개를 삼아 누웠을 야곱이 떠오른다. 고대 이집트에서는 베개를 나무, 돌, 설화석고(Alabaster), 나중에는 유리로 만들었다. 돌로 만든 베개는 일상생활보다 주로 왕이나 귀족 무덤에 부장품으로 사용되었다. 돌베개가 '꿈'을 뜻하기도 했고, '잠을 푹 잠', '영원한 안식을 누림'을 뜻하는 관용어이기도 했기 때문이다.

이집트의 나무로 만든 베개
(이집트 미라전, 2023년, 서울 예술의전당)

야곱은 도망자 신세로 밤의 추위, 맹수의 위협, 추적자 에서의 위협 등에 직면해 있었다. 그런 그가 돌베개를 베고 잠을 잤고 '꿈'을 꾸었다. 이것은 돌베개 자체를 강조하는 것이 아니다. 야곱이 그

석회암 산지 벧엘의 타작마당,
여러 위협과 두려움 속에서도 야곱은
여기 저기 널려 있는 어느 돌을 베개 삼아 깊은 잠을 잤다.

와중에도 평안을 누렸다는 것을 거듭 강조하기 위함이다.

　에서의 분노를 피해 집을 떠나던 날, 아버지 이삭은 전능하신 하나님이 복을 주셔서 아브라함에게 허락하신 복이 야곱에게 임하길 간절히 축복했다(창 28:1~4). 야곱은 그 밤에 아버지의 축복을 붙들었을 것이다. 하나님의 보호하심을 의지하며 돌베개를 베고 깊은 잠을 청했을 것이다. 이곳 어딘가에 누워 하나님의 꿈을 꾸었을 그를 생각하며 기도한다.

"주여, 삶의 현실이 괴롭고 사방으로 길이 막혀 막막함에 잠을 이룰 수 없는 밤이 오더라도, 하나님께 맡김으로 발 뻗고 잠들 수 있는 은혜의 신비를 누리게 하소서!"

|
중앙 성소가 있던 실로

"그들이 실로에서 먹고 마신 후에 한나가 일어나니 그때에 제사장 엘리는 여호와의 전 문설주 곁 의자에 앉아 있었더라 한나가 마음이 괴로워서 여호와께 기도하고 통곡하며 서원하여 이르되 만군의 여호와여 만일 주의 여종의 고통을 돌보시고 나를 기억하사 주의 여종을 잊지 아니하시고 주의 여종에게 아들을 주시면 내가 그의 평생에 그를 여호와께 드리고 삭도를 그의 머리에 대지 아니하겠나이다" 삼상 1:9~11

가나안 땅 동서남북의 중심에 자리하고 있는 실로는 가나안 정복을 마친 여호수아가 회막을 세운 중앙 성소로, 이곳에서 각 지파에게 땅을 분배했다(수 18:1, 10). 현재 대규모 유대인 정착촌이 있는 이곳에는 성막 모양으로 건축된 유대인 회당이 세워져 토라(Torah)를 연구하는 기관으로 사용되고 있다.

그 옛날 회막과 여호와의 언약궤가 있던 실로에 제사장 엘리가 있었다. 부유한 에브라임 사람 엘가나는 매년 가족을 이끌고 이곳을 찾아 제사를 드렸다. 자녀를 낳지 못해 마음이 괴로운 여인 한나는 기도를 통해 아들 사무엘을 얻고, 서원대로 아들을 이곳 실로에서 성소를 섬기는 자로 여호와께 드렸다(삼상 1:1~28).

사무엘은 젖 뗀 후 실로의 회막에서 엘리에게 제사장 훈련을 받으며 자랐다. 젖 뗄 나이라는 것은 유치원에 들어갈 때쯤 된 어린 나이라고 볼 수 있다. 사무엘의 고향 라마(다임소빔)와 실로는 40km 정도 떨어져 있었고 걸어서 2~3일 길이었다.

산을 넘고 골짜기를 지나 남서쪽 라마에서 북동쪽 실로로 향하는 한나와 사무엘은 어떤 마음이었을까? 어린 사무엘이지만 어떤 느낌이 있지 않았을까? 어린아이이기에 부모에게서 떨어져야 하는 분리 불안의 공포에 더 민감하지 않았을까? 엄마 한나에게 사무엘은 무슨 말을 했을까?

또 실로에 그 어린 아들을 떼어 놓고 홀로 산을 넘고 넘어 라마로 돌아오는 한나는 어떤 마음이었을까? 해가 뜨는 아침마다 아들 생각에 한나는 눈물을 훔치지 않았을까? 해 질 무렵 고

성막 모양으로 지어진 실로의 유대인 회당,
회당의 강단은 예루살렘을 향하고 있고 집례자와 찬양대와 회중은
동일하게 강단 정면 곧 여호와를 바라보며 토라를 읽고 시편 찬양을 부른다.

향 라마 쪽으로 지는 해를 바라보며 엄마에 대한 그리움이 더 커졌을 사무엘 또한 눈물을 훔치지 않았을까?

다른 사람의 목숨과 삶을 마음대로 좌지우지하는 한나의 서원은 비록 부모라 할지라도 정당하다고 할 수 없다. 더구나 서원 규례에 당사자가 동의하지 않는다면 서원을 무를 수 있는 법이 있었다(민 30:13~14). 한나의 서원은 정말 돌이킬 수 없는 것이 아니었다.

결과만 놓고 보면 사무엘은 한 시대 하나님께 쓰임받으며 두 명의 왕을 세우는 킹메이커 역할을 했고, 한나는 세 아들과 두 딸을 더 낳았지만, 그녀의 서원은 두고두고 고민할 숙제가 아닐 수 없다.

엄마를 잃은 사무엘, 아들을 잃은 한나, 그 두 사람의 헤어짐은 깊은 상실감으로 자리 잡았을 것이다. 자기 삶인데도 스스로 선택할 수 없는 환경에서 살아가는 것이 얼마나 큰 아픔인지 모른다. 서원한 것은 반드시 지켜야 하지만 다른 사람의 인생을 두고 하는 서원은 다시 생각해야 한다.

갱신의 땅 세겜

"만일 여호와를 섬기는 것이 너희에게 좋지 않게 보이거든 너희 조상들이 강 저쪽에서 섬기던 신들이든지 또는 너희가 거주하는 땅에 있는 아모리 족속의 신들이든지 너희가 섬길 자를 오늘 택하라 오직 나와 내 집은 여호와를 섬기겠노라 하니"

수 24:15

갈대아 우르를 떠난 아브라함이 마침내 약속의 땅에 이르러 처음으로 제단을 쌓은 땅 세겜을 찾았다(창 12:7). 이곳은 서안 지구에서 가장 큰 아랍인 도시로 아랍 민족주의의 중심지이다. 로마 시대부터 '나블루스(Nablus)'로 불리는 세겜은 좌우로 그리심산과 에발산을 양쪽 어깨에 메고 있는 듯이 두 산 사이에 자리하고 있다.

밧단아람에서 평안히 가나안 땅으로 돌아온 야곱은 이곳 세겜 성읍 앞에 장막을 치고 밭을 사서 제단을 쌓았다(창 33:18~19). 이곳은 야곱의 딸 디나가 하몰의 아들 세겜에게 강간을 당한 곳이자, 이에 분노한 시므온과 레위가 세겜 사람을 무참하게 살육했던 비극적 피 흘림이 서린 땅이기도 하다(창 34:1~31).

어린 시절 그리심산은 축복의 산, 에발산은 저주의 산이라고 배웠다. 에발산은 저주받은 땅이라 지금까지도 저주의 흔적이 남아 있다고 했다. 그러나 현장을 찾아 직접 눈으로 확인한 그리심산과 에발산은 그저 연이어 이어지는 산일 뿐이다. 그리심산에 풀과 나무가 자라고 돌들이 있는 것처럼, 에발산도 별반 다르지 않은 모습이다.

여호수아가 모세의 명령대로 이스라엘 백성들 앞에서 복과 저주의 율법을 낭독하고 백성들이 아멘으로 화답했던 땅 세겜(신 27:1~26, 수 8:30~35), 죽음을 앞둔 여호수아가 노구를 이끌고

그리심산(왼쪽)과 에발산(오른쪽)을 어깨에 메고 있는 듯한 세겜. 언약궤 좌우로 그리심산과 에발산 앞에 선 언약 백성들은 여호수아를 통해 선포된 축복과 저주의 말씀을 듣고 아멘으로 화답했다.

이스라엘의 역사 가운데 돌보신 하나님의 손길을 되짚어 보며 여호와만 섬길 것을 촉구하자 백성들이 하나님과 언약을 갱신했던 땅 세겜(수 24:1~28). 그곳에 연이어 있는 그리심산과 에발산을 가만히 바라보며 그날의 가득한 메아리를 생각한다.

여호수아서를 보면 여리고와 아이를 정복하고 세겜에 이른 여호수아는 이곳 에발산에 제단을 쌓고 율법을 낭독했다. 백성들은 그 말씀을 듣고 언약궤 좌우로 그리심산과 에발산에 나뉘어 서서 모세의 명령대로 "아멘, 아멘"을 외쳤다. 그리심산이냐 에발산이냐가 복과 저주를 나누는 것이 아니었다.

골짜기와 언덕 너머로 울려 퍼지는 아멘 소리는 거대한 울림에 울림을 만들어 내며 율법을 순종함이 축복이요, 불순종함이 저주임을 온 땅 가운데 선포하고 있었다. 이 산이냐 저 산이냐가 아닌 순종이냐 불순종이냐가 복과 저주를 나눈다는 것을 알 수 있다.

그리심산과 에발산을 양쪽 어깨에 메고 있는 듯한 세겜에 서니 목 놓아 "아멘"을 외치던 백성의 소리와 노구를 이끌고 "너희가 섬길 자를 오늘 택하라"라며 생명과 축복의 길을 호소하던 여호수아의 유언적 외침이 들리는 듯하다.

상아 궁이 있던 사마리아 성

"이러므로 내가 사마리아를 들의 무더기 같게 하고 포도 심을

동산 같게 하며 또 그 돌들을 골짜기에 쏟아 내리고 그 기초를 드러내며" 미 1:6

족장로를 따라 세겜을 거쳐, 지금은 '세바스티아(Sebasteia)'로 불리는 북왕국 이스라엘의 수도 사마리아 성에 이르렀다. BC 9세기 오므리 왕은 북왕국의 수도를 디르사에서 교통의 요충지인 이곳 사마리아로 옮겼고(왕상 16:23~24), 이곳에서 오므리의 아들 아합 왕이 22년 동안 이스라엘을 다스렸다(왕상 16:29). 아합의 왕궁은 사치와 영화를 나타내는 최고의 장식품으로 손꼽히는 상아(象牙)로 꾸며져 '상아 궁'으로 불렸다(왕상 22:39).

BC 1세기 헤롯 왕 때 사마리아는 요새화되어 아구스도 황제에게 바치는 세바스티아로 거듭났다(그리스어 sebastos = venerable 존경하는 = 라틴어 augustus). 신약 시대 집사 빌립이 이 지역에서 복음을 전파했고(행 8:5), 베드로와 요한이 이곳을 방문하여 성령을 받게 했다(행 8:14~17). 4세기 이후 비잔틴과 십자군 시대 교회는 이곳을 세례 요한이 묻힌 곳으로 여긴다.

사방이 골짜기인 해발 440m의 완만한 산꼭대기에 자리한 사마리아 성은 올리브밭이 장관을 이룬 아름다운 산지이다. 기둥이 줄지어 있는 공공시설과 시장이 있던 로마식 포럼[4]을 출발해 산 아래로 올리브밭이 펼쳐진 멋진 풍광을 바라보며 성을

---

[4] 로마식 포럼: 원래 시장을 뜻하는 용어인 포럼은, 매일같이 많은 사람이 모여 다양한 만남과 소통이 이루어지는 도시의 중심에 위치한 공공 복합 장소로 고대 그리스의 아고라와 비슷한 역할을 했다.

한 바퀴 돌아보았다.

이곳에는 세례 요한이 묻혔다는 전승을 가진 비잔틴 시대 교회 흔적이 있다. 또한 미가 선지자의 예언처럼 빈 들의 폐허가 되어 성의 기초만 남은 오므리와 아합의 왕궁터, 헤롯 왕이 아구스도 황제에게 바친 로마 시대 신전터, 헬라식 원형 망대, 2천 5백 명 가까이 수용할 수 있는 원형 극장까지 이곳의 오래된 역사만큼이나 다양한 유적들이 있다.

뜨거운 햇살과 함께 언덕을 타고 부는 시원한 바람을 느끼며 이곳 어딘가에서 이 바람을 느꼈을 아합과 이세벨을 떠올린다. 아침마다 상아 궁을 거닐며 맑은 날이면 저 멀리 지중해 해안선을 내려다보기도 하고, 드넓게 이어지는 사마리아 산지의 넓은 영토를 내려다보며 스스로를 영화롭게 하던 권력자들의 사악한 웃음소리가 들리는 듯하다.

언덕 아래 백성의 삶이 어떠한지는 아무런 관심이 없던 왕, 뭇 백성을 자신의 부와 쾌락을 위한 소모품 정도로 여겼던 왕, 충분히 가졌지만 더 갖기 위해 소박한 한 생명을 무참히 짓밟던 왕, 이전의 모든 왕보다 악을 더욱 행하던 왕, 그런 왕과 왕비의 다스림 아래 신음하며 살아남아야 했던 선지자와 백성들의 지난한 고통이 진한 아픔이 되어 밀려온다.

"주여! 이 시대의 아합과 이세벨 같은 자들의 사악함을 능히 꺾어 낼 엘리야의 심령과 능력으로 우리를 충만하게 하소서 (눅 1:17)!"

사마리아 성의 올리브나무 사이로 폐허가 된 채 돌무더기만 남은 아합의 상아 궁 흔적, 바알의 신전이 있던 곳이기도 한 이곳에서 다량의 상아 장식품들이 발견되었다.

예수께서 감람산에서
성전을 마주 대하여 앉으셨을 때에
베드로와 야고보와 요한과 안드레가
조용히 묻되
막 13:3

무덤으로 가득한 감람산
(ⓒ이강근)

4 무덤이 가득한 땅,
예루살렘 감람산

Jerusalem

드디어 그 유명한 예루살렘으로 발걸음을 옮겼다. 예루살렘 성 동쪽 올리브 동산 곧 감람산(橄欖山)은 성전과 성안의 다양한 필요를 위한 올리브나무가 많이 자라던 곳이다. 기드론 골짜기 건너편에 있는 성전산보다 해발 고도가 30~40m 높은 감람산은 예루살렘 옛 시가지(Old City)를 한눈에 조망하기에 최적인 장소로 꼽힌다.

그동안 성경을 읽으며 감람산을 자주 접했지만 실제로 방문한 첫 느낌은 참으로 낯설었다. 감람산에 감람나무(올리브나무)는 없고 온통 무덤만 가득했기 때문이다. 오늘날 감람산 자락에는 수많은 유대인의 무덤이 있고, 맞은편 성벽 앞으로는 무슬림의 무덤이 가득하다.

유대인의 무덤을 보면 비석들이 하나님을 바라보는 듯 하늘을 향해 누워 있고, 그 위에는 꽃이 아닌 작은 조약돌들이 올려져 있다. 유대인 대학살 당시 1천 1백 명의 유대인을 구한 오스카 쉰들러(Oskar Schindler)의 생애를 그린 영화 〈쉰들러 리스트〉의 마지막 장면을 보면 유대인 생존자들이 이곳 감람산에 있는 오스카 쉰들러의 무덤 위에 돌을 올려놓는다. 꽃은 아무리 아름다워도 시간이 지나면 시들지만 돌은 영원하기 때문이다. 돌은 영원한 기억과 변하지 않는 유산을 상징한다. 유대인들이 무덤에 돌을 올려놓는 것은 죽은 사람의 기억이 살아 있음을 확인하고, 그를 잊지 않고 있음을 표현하기 위함이다.

왜 이곳에 무덤이 가득한 것일까? 이유는 예루살렘 성으로 들어가는 황금문(Golden Gate) 때문이다. '동문' 혹은 '미문'으로도 불리는 황금문은 예루살렘 성 밖에서 성전으로 곧장 들어갈 수 있는 유일한 문이다. 예수님도 종려 주일에 이 문을 통해 성전으로 들어가셨을 것이다.

예루살렘 성에 있는 여덟 개 출입문 가운데 유일하게 황금문만 폐쇄되어 있다. 그것은 오스만 제국이 이곳을 통치하던 시절 '황금문을 통해 들어와 성전 뜰을 밟는 자에게 통치권을 빼앗긴다'라는 불길한 소문이 퍼지면서 술탄이 이 성문을 아예 봉쇄해 버렸기 때문이다. 현재 폐쇄된 황금문은 성문이라기보다 마치 성벽에 새겨진 무늬처럼 보인다.

그럼에도 유대인들 중에는 에스겔 44장 1~3절 말씀을 기초로 메시아가 올 때 닫혔던 황금문이 열린다고 믿는 이들이 있다. 그들은 성전이 파괴될 때 동쪽 문으로 떠났던 '여호와의 영광(Shekhina)'이 심판 날에 다시 이 문을 통해 성전으로 돌아오게 될 것이라고 믿고 있다. 그래서 많은 유대인이 폐쇄된 예루살렘 황금문을 바라보는 감람산 자락을 무덤으로 삼아 잠들어 있는 것이다.

여호와의 영광이 돌아오는 날, 그들이 기다리던 메시아가 오면 황금문이 열릴 것이다. 그러면 성전 동쪽에서부터 죽은 자들이 살아나 메시아를 맞이할 것이라고 그들은 소망한다. 그 날이 오면 선한 유대인은 남쪽 자비의 문을 통해 하늘나라로 들어갈 것이고, 악한 이방인은 북쪽 후회의 문을 통해 지옥으로 떨어질 것이라고 한다.

한때 가장 아름다웠던 황금문의 모습은 온데간데없고, 거대한 무덤이 되어 버린 감람산의 모습이 처연하기만 하다. 무덤으로 가득한 감람산 언덕에 서니 십자가와 부활의 복음을 증거해야 함이 더욱더 깊은 절실함과 절박함으로 다가온다.

예수님이 승천하신 베다니

"예수께서 그들을 데리고 베다니 앞까지 나가사 손을 들어 그들에게 축복하시더니 축복하실 때에 그들을 떠나 [하늘로 올려지시니] 그들이 [그에게 경배하고] 큰 기쁨으로 예루살렘에 돌아가 늘 성전에서 하나님을 찬송하니라" **눅 24:50~53**

북쪽 갈릴리 지방에서 유대 산지에 자리 잡은 예루살렘에 이르려면, 데가볼리 지경을 지나 요단강을 건너 감람산 뒷자락에 있는 베다니를 지나야 한다. 아람어로 '비참한 사람의 집'이라는 뜻의 베다니 거리에 서서 이곳 어디에선가 하늘로 올려지신 예수님을 생각한다. 예수님은 왜 예루살렘이 아닌 이곳 베다니에서 승천하셨을까? 왜 하필 베다니였을까?

피터 워커(Peter Walker)의 『예수의 발자취를 따라서』에 따르면 감람산 남동쪽 기슭에 있던 베다니는 스무 가구 정도로 이루어진 작은 마을이었다. 신약 시대는 레위기의 정결법(레 13:1~46)이 집행되던 시기였다. 이 정결 규정에 따라 나병 환자와 같이 공동체에서 쫓겨날 처지에 있는 이들은 제사장으로부터 최종 판결을 받기까지 격리 상태에서 기다려야 했다. 그들은 제사장을 만나야 했지만 거룩한 도성 예루살렘에 머무를 수는 없었다. 그 병에서 회복되었다고 주장하는 이들도 재심 판결을 받기까지는 격리된 상태에서 기다려야 했고, 그들 또한 예루살렘에 접근할 수 없었다.

나병 등으로 의심을 사는 자나 완치를 주장하는 이들은 스스로 마을 안에 들어갈 수 없었다. 그들은 모두 부정한 존재라는 인식 때문이었다. 그런 이들이 머물며 대기하던 곳이 바로 예루살렘에서 가까운 베다니였을 것이다. 온갖 병을 앓는 이들, 앓았던 이들, 그들의 가족이 살던 마을 베다니는 그 이름처럼 '가난한 자의 동네', '아픈 자의 마을'이었다. 나병 환자 시몬(마 26:6, 막 14:3) 역시 이곳 베다니 주민이었다.

예수님의 사랑하는 친구 나사로도 베다니에서 살았다. 큰 병을 앓고 있었던 나사로의 지병이 악화되자 그의 동생 마르다와 마리아는 다급하게 오빠를 사랑하시는 친구 예수님을 찾았다(요 11:1~5). 부자와 거지 이야기에서 부자의 상에서 떨어지는 것을 먹던 거지가 바로 나사로였다(눅 16:20). 이것은 우연이 아닐 것이다. 베다니에 사는 나사로는 비유 속 거지 나사로처럼 가난하고 비참하게 살아가고 있었다.

그렇지만 나사로와 그의 가족은 누구보다 뜨겁게 예수님을 사랑했고, 사랑받았다. 예수님의 친구 나사로는 그의 주검 앞에 예수님이 친히 눈물을 흘리실 정도로 특별한 사랑을 받았다(요 11:11, 35). 나사로의 동생 마르다는 궁핍한 살림에도 예수님

한낮의 어수선한 베다니 거리,
베다니는 가난하고 아픈 사람들이 사는 곳이었지만 예수님의 쉴 곳이 되었다.

과 제자들을 환대했고(눅 10:38~42), 또 다른 동생 마리아는 3백 데나리온이나 되는 순전한 나드를 예수님께 부어 드리기까지 했다(요 12:3).

분명 베다니는 병들고 가난한 이들이 사는 마을이었으나, 예수님께는 사랑하는 친구가 있는 사랑방 같은 안식처였다. 그곳은 수만 가지 아픔을 안고 살아가는 이들의 친구이신 예수님이 편히 쉬시고 잠드실 수 있던 휴식처였다. 질병으로 고생하는 가난한 살림에도 예수님을 사심 없이 사랑하던 이들이 있던 예수님의 쉼터였다. 예수님을 이용하거나 경계하는 사람들로 가득한 예루살렘과 달리 그곳은 예수님을 있는 모습 그대로 사랑하는 사람들이 살던 예수님의 피난처였다.

예수님은 예루살렘이 아닌 베다니 같은 곳을 찾으신다. 예루살렘의 부자나 권력자들이 아니라 베다니의 가난하고 가련한 이들을 찾으신다. 예수님의 마음과 걸음은 사랑이 있는 곳으로 향하기 때문이다. 우리가 사는 이곳이 사랑이 머무는 곳, 예수님이 찾으시는 그 옛날 베다니 같은 곳이 되기를 소망해 본다.

|

화덕의 빵, 그 간절함

"너희 중에 누가 아들이 떡을 달라 하는데 돌을 주며 생선을 달라 하는데 뱀을 줄 사람이 있겠느냐" 마 7:9~10

"너희 중에 아버지 된 자로서 누가 아들이 생선을 달라 하는데 생선 대신에 뱀을 주며 알을 달라 하는데 전갈을 주겠느냐" 눅 11:11~12

감람산 뒷자락 베다니의 화덕 빵집에서 우슬초 피자를 비롯한 화덕에 구운 피자와 빵을 맛있게 즐겼다. 특히 얇게 편 반죽을 화덕에서 뜨겁게 달궈진 돌 위에 올려 구워 낸 밀전병의 고소한 맛과 냄새는 지금도 종종 생각이 난다. 입안 가득 고소함을 더하는 빵을 즐기며, 익숙하지만 낯설게 다가오던 예수님의 비유를 몸으로 깨달을 수 있었다.

기도를 들으시는 아버지 비유에서 예수님은 빵(떡)과 돌, 생선과 뱀, 알과 전갈을 쌍으로 비교하며 말씀하셨다. 서로 무관한 듯한 세 쌍의 조합이 말씀 속에서 하나로 어우러질 수 있었던 것은 1세기 고대 이스라엘 사람들의 일상이 담겨 있기 때문이다.

달궈진 돌 위에서 맛있게 익어 가는 빵은 예수 시대 서민들에게 익숙한 모습이었다. 그 시절에는 날마다 빵을 새로 구워야 했는데, 공기 중에 노출된 빵이 금방 딱딱해지기 때문이다. 얇게 구운 빵은 쉽게 부서지고, 두터운 빵은 돌같이 단단한 빵 즉 고생의 떡이었다. 한 가족에게 필요한 빵을 만들려면, 직접 곡식을 빻아 반죽하고, 숯불을 피운 다음 그 불로 빵을 구워야 했다. 그 과정은 족히 서너 시간이 걸렸다. 여유가 있는 집에는 가정용 화덕이 있었고 빵집을 이용하기도 했겠지만, 대부분의 서민들은 숯불 위에 얇은 돌을 올려서 굽거나, 낙타 똥 등을 으깨서 만든 일종의 번개탄 같은 판 위에 올려서 구워야 했다.

화덕의 불이 꺼지더라도 달궈진 돌 위에서 빵이나 음식을 좀 더 익히기도 했는데, 이렇게 달궈진 돌과 익어 가는 빵은 한 쌍이었다. 물론 절대 빈곤에 시달리던 가난한 서민에겐 이런 빵 한 조각도 귀한 음식이었다. 빵 달라는 아이에게 빵조차 마음껏 줄 수 없는 가난한 아버지가 적지 않았다.

신약 시대 갈릴리 호수에서는 다양한 물고기가 잡혔다. 호수 주변에서 잡아 올린 생선은 유대의 음식법에 따라 먹을 수 있는 것과 없는 것으로 분류되었고, 아침마다 열리는 어시장에 납품되었다. 잡아 올린 생선 중에 장어(물뱀)의 경우, 유대인에게는 비늘이 없다는 이유로 부정한 생선이었고, 주요 고객인 로마인에게도 가치 없는 생선이었다. 호숫가 어촌의 어부들에게 생선과 뱀은 분명하게 대비를 이루는 익숙한 일상이었다.

서민의 식탁에서 생선은 귀한 음식일 수밖에 없었다. 그물질해서 잡아 올린 어부의 생선은 돈을 벌기 위한 수단이었기 때문이다. 버려질 만큼 상품 가치가 없는 생선들이나 겨우 식탁에 올랐을 것이다. 저장용 말린 생선 역시 값이 나가는 식재료여서 어부의 식탁에서 구경하기 쉽지 않았을 것이다.

당시 서민의 단백질 주 공급원은 비둘기와 비둘기 집에서 챙긴 알이었다. 알과 전갈 이야기에서 '알'은 달걀이 아닌 비둘기 알이었다. 여유 있는 집 마당에는 흙을 이용해 탑 형식으로 짓거나 석회암 바위를 파서 만든 비둘기 집이 있었는데, 지금도 이집트나 요르단 곳곳에서 어렵지 않게 찾아볼 수 있다.

고대 이스라엘에는 전갈이 열 종류 이상 있었는데 독이 없는 것이 일반적이었다고 한다. 몸을 둥글게 웅크린 전갈은 알처럼 보였을 것이고, 그중에 흰색 전갈도 있었다. 마른 광야에도 있었던 전갈은 흰색 비둘기 알 사이에 그렇게 숨어 있기도 했을 것이다. 알과 전갈이 한 쌍으로 이어진다는 것을 알 수 있다.

어린 시절 계란 부침을 두고 동생들과 다툰 기억이 있다. 도시락 반찬으로 계란말이를 자주 싸 오던 부잣집 친구를 부러워하기도 했다. 이처럼 신약 시대에는 비둘기 알 하나도 귀했을 것이다. 알을 달라는 아이에게 부담 없이 알을 줄 부유한 아버지는 많지 않았다. 생선이나 알이 귀한 음식이었듯이 빵 한 조각도 소중했다. 절대 가난을 살아 내던 이들이 너무나 많았던 시절이었다.

그 아버지의 간절함과 안타까움을 생각하게 하는 화덕의 빵은 귀한 것을 달라는 자식의 울부짖음을 외면해야 했던 '악한 아비'의 아픔을 떠올리게 한다. 주기 싫은 것이 아니라 줄 수 없었던 못난 아버지, 가난해서 모질 수밖에 없었던 무능력한 아비의 가슴 아픈 이야기가 가득했을 것이다.

마침내 못난 아비는 손해를 감수하고라도 그 귀한 것을 자식의 손에 쥐여 준다. 가난한 처지에도 자식에게 좋은 것을 쥐여 주고 싶었던 아비의 마음에서 하늘 아버지의 마음을 만난다. 이 땅의 무능력하고 못난 아버지보다 크고 놀라우신 하늘 아버지, 가난해서 모진 아비와 달리 구하는 이에게 좋은 것을

화덕의 온도를 오래 유지하기 위해 올려놓은 차돌 위에서 익어 가는 빵,
막 구워진 빵의 구수한 맛과 함께 날마다 먹을 빵을 만들어야 했던 이들의 지난한 삶이 스친다.

주길 원하시는 하나님 아버지를 갈망하게 된다.

　우리의 기도는 빵, 생선, 알이 귀한 시절에 그것을 너무나 먹고 싶어 했던 어린아이처럼 간절한 부르짖음이 있어야 한다. 가난한 처지에도 아이가 원하는 것을 쥐여 주고 싶어 했던 아비의 마음에서 구하는 이에게 좋은 것을 주고자 하시는 아버지 하나님을 기대하게 된다. 오늘도 그렇게 간절히 원하면 모든 것을 베푸실 능력의 하나님을 마주한다.

무화과나무의 때

"이튿날 그들이 베다니에서 나왔을 때에 예수께서 시장하신지라 멀리서 잎사귀 있는 한 무화과나무를 보시고 혹 그 나무에 무엇이 있을까 하여 가셨더니 가서 보신즉 잎사귀 외에 아무것도 없더라 이는 무화과의 때가 아님이라" 막 11:12~13

　이스라엘 곳곳에서 무화과나무를 볼 수 있다. 무화과나무는 이스라엘 땅에서 사는 이들에게 한국인의 무궁화 같은 존재감을 가지고 있다. 꽃이 없다고 해서 붙여진 이름인 무화과(無花果)는 사실 열매 안으로 맺혀 맛있게 먹는 알맹이가 꽃이다. 선악을 알게 하는 나무가 어떤 식물인지는 알 수 없으나 아담과 하와가 그 열매를 먹은 후에 잎을 엮어 치마로 삼았던 나무 역시 무화과나무이다(창 3:7).

무화과나무는 봄철에 열매 맺는 조생종과 여름철에 맺는 만생종이 있는데, 겨울에서 봄이 되는 시기에 맞이하는 열매 곧 처음 익은 열매가 봄철 무화과 조생종이다. 특이하게 잎사귀가 전혀 없이 열매를 맺는다. 여름철에 맺는 여름 실과인 만생종은 맛과 향이 제대로이다. 성경에서 '무화과의 때'는 크고 맛있는 여름 무화과가 맺히는 계절을 말한다(참고, 막 13:28). 그럼에도 겨울에서 봄으로 이어지는 배고픈 춘궁기(春窮期)에 처음 익은 무화과는 허기진 배를 채우기에 충분했다. 절대 가난이 존재하던 시절 서민에게 봄철 무화과는 축복이었다.

유월절 즉 4월 초중순인 봄철에 예수님과 제자들은 베다니에서 예루살렘으로 향했다. 이른 아침에 베다니를 나올 때 몹시 허기진 상태였다. 아마도 전날 저녁조차 먹지 못했던 것이 아닌가 싶다. 허기진 상황에서 뭔가 먹을거리를 찾아야 했을 때 눈에 들어온 것은 때아니게 잎사귀를 내는 무화과나무였다. 봄철의 무화과나무에 잎사귀가 있을 리 없다. 이제 막 새잎이 나기 시작할 무렵이기 때문이다. 그런데 저 멀리 잎사귀 무성한 무화과나무가 허기진 예수님 일행의 눈길을 끌었다.

예수님은 그 무화과나무 가까이 다가가서 무엇이 있을까 보셨지만, 잎사귀 외에 아무것도 보이지 않았다. 그날 예수님이 찾으신 것은 열매였다. 새로 맺힌 처음 열매가 아니라 지난해에 맺혔던 묵은 열매였는지도 모른다. 무화과의 때, 곧 여름 실과를 맺을 때는 아니었지만 혹시나 봄철 무화과가 있을까 해서 찾으셨던 것이다.

무성한 잎 사이로 익어 가는 무화과, 꽃이 없어 이름 붙여진 '무화과'는
사실 열매 안으로 맺혀 맛있게 먹는 알맹이가 꽃이다.

더욱이 베다니에서 예루살렘으로 향하는 도중에 한 시간 가량 걷다 보면 '봄철 무화과 마을'이라 불리는 '벳바게'가 있었기에 봄철 무화과를 더욱 기대하셨던 듯하다. 그러나 잎사귀만 무성할 뿐 아무 열매도 찾지 못한 예수님 일행에겐 허탈한 눈빛에 허기만 더 크게 다가올 뿐이었다.

눈물병과 눈물 교회

"가까이 오사 성을 보시고 우시며" 눅 19:41

감람산 중턱에 '눈물 교회(Dominus Flevit Church)'가 있다. 감람산의 여러 기념 교회 가운데 가장 인상적인 이 교회는 베다니와 벳바게를 지나 감람산을 넘어 예루살렘으로 향하시던 예수님이 예루살렘의 멸망을 내다보며 눈물을 흘리신 사건을 기념해 세워졌다. 30~40명이 들어갈 수 있는 규모의 교회 안으로 들어서면 제단 뒤에 있는 창문으로 황금 사원과 '무덤 교회'가 한눈에 들어온다.

교회 건물은 화려하거나 웅장하지 않다. 잔잔한 감동을 주는 아름다운 예배당이다. 건물 외관은 예수님의 눈물을 형상화했는데, 지붕의 부드러운 곡선과 네 귀퉁이에 세워진 뾰족한 돌 항아리는 눈물병(Lachrymatory)을 상징한다.

고대 이스라엘이나 로마, 근동의 독특한 풍습 가운데 하나가 눈물병을 사용했다는 것이다. 눈물병은 토기나 유리 같은 다양한 재질로 만들었고, 눈물병의 주인은 자신이 살아오면서 흘린 눈물을 이 병에 담아 두었다. 한 사람이 살아오며 경험한 삶의 희노애락이 눈물병에 담겨 있었다. 시편의 시인은 자신의 아픔과 고통을 기억해 달라며 이렇게 노래했다.

> "나의 유리함을 주께서 계수하셨사오니 나의 눈물을 주의 병에 담으소서 이것이 주의 책에 기록되지 아니하였나이까" 시 56:8

시인은 자신의 눈물이 하나님의 눈물이 되기를 갈망하고 있다. 그가 자신의 고통을 기억하듯이 하나님이 자신의 처지를 온전히 기록하고 기억해 달라는 탄원이기도 하다. 그러고 보면 눈물로 예수님의 발을 적신 여인의 이야기도 그 자리에서 펑펑 눈물을 흘린 것이 아니라 오랫동안 간직한 눈물병의 눈물을 쏟아부어 예수님의 발을 적셨다고 볼 수 있다.

> "예수의 뒤로 그 발 곁에 서서 울며 눈물로 그 발을 적시고 자기 머리털로 닦고 그 발에 입 맞추고 향유를 부으니" 눅 7:38

이것은 참을 수 없는 큰 아픔과 슬픔 그리고 안타까움을 드러내는 극적인 장면이다. 눈물은 슬퍼도 흘리고, 기뻐도 흘리고, 아파도 흘리는 한 존재가 살아온 모든 흔적이다. 그래서 그

지붕과 네 귀퉁이의 돌 항아리가 눈물병을 상징하는 눈물 교회.
눈물병은 고대 이스라엘은 물론 로마나 근동에도 존재하던 풍습이다.

모든 흔적을 담은 눈물병을 죽은 자와 함께 묻곤 했다. 자신이 죽을 때 부장품으로 넣어야 할 그 눈물병의 눈물을 다 쏟은 것은 자신의 전 삶으로 예수님을 섬기겠다는 헌신의 고백이다.

멸망해 가는 도시를 바라보며 눈물을 흘리신 예수님을 기억하는 언덕에서 눈물병을 쏟아부었던 그 여인을 떠올린다. 우리의 눈물을 기억해 달라는 탄원을 넘어, 눈물을 쏟아 예수님께 삶 전체를 드리겠노라 새롭게 결단한다.

그날 밤 핏빛 겟세마네

"예수께서 나가사 습관을 따라 감람산에 가시매 제자들도 따라갔더니 … 예수께서 힘쓰고 애써 더욱 간절히 기도하시니 땀이 땅에 떨어지는 핏방울같이 되더라" 눅 22:39, 44

감람산을 내려오면 자연스레 산어귀에 자리한 겟세마네에 이르게 된다. 십자가를 앞둔 예수님이 베드로와 야고보와 요한을 데리고 나아가 기도하신 겟세마네는 그리스어로 '기름 짜는 틀(Oil press)'이라는 뜻인데, 감람산에서 채취한 올리브 열매로 기름을 짜던 곳이기도 했다.

겟세마네에 들어서면 수령 천 년이 넘는 올리브나무들이 눈에 들어온다. 고목같이 보이는 올리브나무에 새순이 돋고 어린 가지에 잎이 무성하다. 진한 녹색 잎이 은빛으로 바람에 살랑 살랑 흔들리는 모습은 평안함과 함께 생동감 넘치는 생명력으로 다가온다.

가나안 땅의 7대 소산물 가운데 하나인 올리브(신 8:8)는 이스라엘과 요르단 전역에서 가장 많이 볼 수 있다. 올리브나무는 복의 상징으로 희망과 풍요의 메시지를 담고 있다. 홍수 이후 방주에 머물던 노아에게 비둘기가 가져다준 올리브 잎은 새로운 세상의 시작을 알리는 상징이었다(창 8:11).

이 올리브나무가 한글 성경에는 '감람나무'라고 나온다. 올리브나무를 감람나무로 번역한 것은 한글 성경이 중국어 성경에 사용된 감람(橄欖)이라는 단어를 그대로 차용하면서 나타난 대표적인 오역이다. 올리브가 중국 남부에서 자라는 감람과 열매의 모양이나 색깔, 심지어 맛과 용도까지 비슷해서 감람나무로 번역했다지만, 사실 중국의 감람나무와 성경의 올리브나무는 서로 다른 나무이다.

오래된 올리브나무들 옆에는 '고통의 교회(Church of Agony)'라고 불리는 겟세마네 교회가 있다. 4세기 교회터 위에 1924년 16개국 가톨릭 신자들의 헌금으로 세워진 이 교회는 '만국 교회(All Nations Church)'라고도 불린다.

예수님이 잡히시던 밤은 핏빛으로 얼룩져 있었다. 유월절 식탁 위의 구운 양 정강이뼈의 찢겨 나간 살점들, 내 피로 세우는 새 언약이라 하신 포도주 잔, 겟세마네의 예수님에게서 떨어지는 핏방울 같은 땀, 베드로의 칼에 떨어져 나간 말고의 오른쪽 귀까지 정말 그 밤은 핏빛으로 가득했다.

더구나 겟세마네에는 올리브 열매가 큰 맷돌에 의해 빠개지고 짓이겨지는 소리가 끊이지 않았다. 부서진 올리브 열매가 기름 짜는 틀에 눌려 검붉은 기름으로 흘러내렸다. 기름이 귀하던 시절 짜내고 또 짜내던 그 마지막 한 방울의 기름은 진한 핏빛이었을 것이다.

그런 곳에서 예수님은 땀이 피가 되도록 기도하셨다. 맷돌에 짓이겨진 열매를 무거운 돌로 누르고 또 눌러 마지막 한 방울의 기름까지 짜내듯, 천사가 나타나 힘을 더해야 할 만큼 힘쓰고 애써 더욱 간절히 기도하셨다. 뼈가 부서지고 살점이 떨어져 나가고 피가 흘러내리듯 영 혼 육의 온 힘을 다해 기도하셨다.

아버지의 원대로 하지 않고 자기 원대로 하고 싶은 예수님 자신의 원함이 산산이 깨어지도록 기도하셨던 것이다. 자기를 죽음에서 능히 구원하실 이에게 심한 통곡과 눈물로 간구와 소원을 올리셨다. 마지막 한 방울의 자기 원함까지 다 짜냄으로써 하나님의 아들이시면서도 순종을 배워 온전하게 되셨나(히 5:7~8).

올리브기름 짜는 소리와 냄새와 느낌이 예수님의 처절한 기도와 연결되는 그곳에서 "어찌하여 자느냐 시험에 들지 않게 일어나 기도하라"(눅 22:46)라는 말씀의 무게가 더 깊이 다가온다. 겟세마네를 지나지 않고는 그 누구도 십자가의 골고다에 설 수 없음을 알기에, 자기 십자가를 지고 따르려는 이들에게 이 겟세마네는 언제든 새롭게 다가올 것이다.

겟세마네의 올리브나무와 만국 교회,
고목 같은 줄기에서 새로 나온 가지의 흔들리는 새 잎사귀는
아름다운 희망을 노래하는 듯하다.

게헨나, 힌놈의 골짜기

"만일 네 눈이 너를 범죄하게 하거든 빼 버리라 한 눈으로 하나님의 나라에 들어가는 것이 두 눈을 가지고 지옥(게헨나)에 던져지는 것보다 나으니라 거기에서는 구더기도 죽지 않고 불도 꺼지지 아니하느니라" 막 9:47~48, 괄호 필자

감람산에서 성전산을 바라보면 예루살렘 옛 시가지가 두 골짜기로 둘러싸여 있는 것을 볼 수 있다. 오른쪽으로는 기드론 골짜기가 있고, 왼쪽으로는 힌놈의 골짜기가 있으며, 이 두 골짜기가 만나는 지점에 가룟 유다가 죽은 피밭, 아겔다마가 있다(행 1:18~19).

힌놈의 골짜기는 고대 이스라엘이 우상 숭배에 빠져 타락이 극도에 달했을 때 어린 자녀들을 몰렉(Molech)에게 불살라 인신 제사를 하던 현장이었다(대하 28:3, 33:6, 렘 32:35). 예레미야는 우상 숭배의 가증한 골짜기가 '죽음의 골짜기'라 불릴 것이며, 우상 숭배자들의 시체가 "공중의 새와 땅의 짐승의 밥이 될 것"이라고 예언했다(렘 7:31~34, 19:6).

실제로 요시야 왕은 이곳에서 몰렉에게 드리던 이방 제사를 파하고, 골짜기의 산당을 더럽혔다(왕하 23:10). 이때부터 이곳은 처형당한 죄수들의 시체와 죽은 짐승들의 사체가 버려지고 온갖 쓰레기가 모이는 곳이 되고 말았다. 생활 쓰레기는 물론 성

전 제사의 부산물이 뒤엉켜 태워지고 썩어 갔다. 무언가를 불태우는 연기가 밤낮 타오르고, 구더기와 온갖 벌레들이 넘쳐났다.

몰렉에게 바쳐진 아이들을 불사르는 강렬한 불, 타는 연기와 고통 소리, 그리고 온갖 쓰레기들을 태우는 꺼지지 않는 불과 매캐한 냄새가 끊이지 않았던 이곳에 대해 듣거나 경험한 사람들은 자연스럽게 '지옥'을 떠올렸을 것이다. 그렇게 해서 '골짜기'를 뜻하는 히브리어 '게(ge)'와 사람 이름인 '힌놈(Hinnom)'의 합성어 힌놈의 골짜기, 곧 '게헨나(Gehenna)'는 지옥을 가리키는 대명사가 되었다(마 5:22, 29, 30, 10:28, 23:33, 25:41, 약 3:6).

이런 역사적, 지리적 배경을 아셨던 예수님은 말씀을 한사코 거역하는 바리새인과 완고한 사람들을 질책하시며, 그들이 마지막 심판 날에 게헨나(지옥)에 던져질 것이라고 경고하셨다(막 9:43~47). 이때 '꺼지지 않는 불'이나 '구더기도 죽지 않는 불'은 힌놈의 골짜기에서 쓰레기와 시체를 태우는 불을 떠올리며 하신 말씀이었다.

감람산 언덕에서 멀리 힌놈의 골짜기를 내려다보며 그 시절 예루살렘을 가득 덮었을 냄새를 떠올린다. 무더운 여름날, 성전 제사 부산물을 비롯한 온갖 쓰레기 타는 냄새가 얼마나 역겨웠을까? 그 지독한 냄새는 어느덧 익숙해지면서 일상의 냄새가 되어 버렸을 것이다. 꺼지지 않는 불에 던져질 비극적 운명을 앞에 두고도 보지 못한 채 마냥 '여기가 좋다' 하며 세상 어둠에 눈먼 이들을 향한 주님의 엄한 심판의 경고가 한없는 두려

힌놈의 골짜기와 기드론 골짜기가 만나는 아겔다마를 바라보며
핏빛 가득한 그 밤의 경고를 떠올린다.

움과 떨림으로 다가온다.

마른 뼈, 기드론 골짜기

"예수께서 이 말씀을 하시고 제자들과 함께 기드론 시내 건너편으로 나가시니 그곳에 동산이 있는데 제자들과 함께 들어가시니라" 요 18:1

요한은 겟세마네를 '기드론 시내 건너편'이라고 표현했는데, 바로 그 겟세마네에서 기드론 시내를 바라보았다. 기드론은 '흐린', '어두운'이란 뜻으로 예루살렘 옛 시가지 동쪽 성벽과 감람산 사이를 흐르는 시내를 가리킨다. 다만 1년에 몇 번 폭우가 쏟아지는 경우를 제외하고는 대부분 메말라 있었기에 '기드론 골짜기'로 더 자주 불리고 있다.

상당히 가파른 기드론 골짜기는 우기철이면 때때로 쏟아지는 빗물이 급류를 이루어 골짜기를 지나다닐 수 없게 만들었다. 그래서 학자들은 기드론 골짜기에 급류가 흘러넘치는 바람에 감람산과 예루살렘 성전을 오가는 데 곤욕을 겪곤 했을 유대인들이 이를 대비하기 위해 그곳 어딘가에 다리를 놓지 않았을까 추론하고 있다.

'사웨 골짜기 곧 왕의 골짜기'(창 14:17)로도 불리던 기드론 골짜기는 아버지의 심장에 칼을 겨누었던 압살롬의 반역을 피해 다윗이 피난길에 건넜던 곳이고, 압살롬이 자기 이름을 기념하여 비석을 세운 곳이기도 하다(삼하 15:23, 18:18). 지금도 그곳은 압살롬의 무덤으로 널리 알려져 있다. 또 기드론 골짜기는 여호사밧 골짜기(욜 3:2)나 심판의 골짜기(욜 3:14)로도 불렸는데, 여기서 '여호사밧'은 유다 왕 여호사밧을 가리키기보다 '여호와의 심판'이라는 그 뜻 때문에 붙은 이름이 아닐까 싶다.

겟세마네 앞으로 펼쳐진 기드론 골짜기는 무덤으로 가득한 골짜기, 곧 죽음 골짜기이다. 유대인들은 에스겔 선지자가 환상 가운데 보았던 수많은 마른 뼈가 살아난 곳이 이 기드론 골짜기라고 본다(겔 37:1~14). 이곳만큼 무덤으로 가득한 골짜기가 없기 때문이다. 장례를 제대로 치르지 않아 마른 뼈가 골짜기에 가득했다는 것은 장례를 치를 아버지도 아들도 다 같이 죽었다는 것을 의미한다. 3대가 몰살당한 심판의 골짜기, 죽음 가득한 골짜기에서 마른 뼈들이 다시 살아나는 환상만큼 새로운 세대를 향한 강력한 희망의 메시지는 없을 것이다.

십자가를 앞둔 마지막 밤 예수님은 제자들과 함께 기드론 시내를 건너셨다. 유월절 양을 잡는 날에는 기드론 시내로 양의 피가 가득 흘러들었을 것이다. 골짜기를 지나는 사람마다 흘러내리는 유월절 어린양의 검붉은 피를 보았을 것이다. 친히 유월절 어린양이 되어 새로운 생명을 일으키기 위해, 우리의 예수님은 그렇게 죽음의 골짜기를 말없이 건너셨다.

성전산과 감람산 사이 기드론 골짜기, 이곳을 흘러내리던 급류는
골짜기 아래에서 힌놈의 골짜기의 또 다른 급류와 만나 사해까지 이른다.

5 평화를 잃어버린 땅, 예루살렘 옛 시가지

감람산 전망대에서 마주한 예루살렘 옛 시가지

감람산 전망대에 서면 '평화의 도시'라고 불리던 예루살렘의 옛 시가지가 한눈에 들어온다. 가장 먼저 눈에 띄는 것은 솔로몬 성전이 있던 성전산에 692년 세워진 이슬람의 황금 사원(Dome of the Rock)이다.

기독교, 유대교, 이슬람교가 모두 성지로 삼고 있는 예루살렘의 옛 시가지는 총면적이 1km²에 불과하다. 한 변의 길이가 1km쯤 되는 성벽으로 둘러싸인 좁은 지역을 네 구역으로 나누어 유대인, 아르메니아인, 무슬림, 기독교인이 거주하고 있다.

BC 10세기 다윗이 여부스 족속으로부터 예루살렘을 정복했던 당시에도 이곳에는 견고한 성벽이 있었다. 이후 수많은 증축과 파괴, 재건 과정을 되풀이하며 오늘에 이르렀다. 현재의 성벽은 오스만 제국 슐레이만 대제가 16세기에 쌓은 것으로, 평균 높이는 17m이며 망루가 서른네 개, 출입문은 시온문, 사자문, 욥바문 등 총 여덟 개가 있다.

요아킴 예레미야스의『예수 시대의 예루살렘』에 따르면 신약 시대 예루살렘은 보기 드문 국제도시였다. 중동 지역 곳곳에 흩어져 살던 유대인들과 많은 외국인의 발걸음이 이어졌다. 일찍부터 다인종 다문화 공동체가 형성된 국제도시 예루살렘은 부와 권력의 중심지였기에, 그 시절 예루살렘에 산다는 것 자체가 꿈의 실현이기도 했다. 물론 시골을 떠나 예루살렘 빈민 지역의 날품팔이로 유입되는 이들도 적지 않았을 것이다.

당시 예루살렘은 헤롯 대왕이 증개축한 화려한 성전이 있던 거룩한 도시만은 아니었다. 예루살렘은 로마의 식민지, 제국의 지배를 받는 유대 지방에 속한 식민 도시이기도 했다. 로마화된 도시 예루살렘에는 여타 로마 도시처럼 마차 경기장과 원형극장, 거대한 장터로 쓰이는 중앙 대로(카르도)가 있었다. 그것도 성전 가까이에 자리 잡고 있었다.

예루살렘의 옛 시가지를 내려다보며 성전이 있는 곳까지 울려 퍼졌던 마차 경기장의 함성과 소란함을 떠올린다. 성전에서 제사할 때 들려오는 경기장의 로마적 함성은 거대한 힘의 압력으로 느껴졌을 것이다. 가장 거룩한 종교적 공간인 성전과 가장 로마적이고 세속적 공간인 마차 경기장의 공존, 종교적 거룩과 일상적 속됨이 뒤섞인 그곳을 찾던 이들은 묘한 혼돈을 느끼지 않았을까?

로마 제국의 식민 지배를 받던 시절, 예루살렘 성전을 찾은 이들은 로마화된 국제도시 속에서 여호와의 능력을 느끼기가 쉽지 않았을 것이다. 오히려 로마의 앞잡이가 되어 친로마적 종교성을 노골적으로 드러내던 종교 귀족들과 유대 정치인들의 모습을 보며 로마의 힘이 더욱 거대하게 느껴졌을 것이다.

다윗 성의 진실

"그 해가 돌아와 왕들이 출전할 때가 되매 다윗이 요압과 그에게 있는 그의 부하들과 온 이스라엘 군대를 보내니 그들이 암몬 자손을 멸하고 랍바를 에워쌌고 다윗은 예루살렘에 그대로 있더라 저녁 때에 다윗이 그의 침상에서 일어나 왕궁 옥상에서 거닐다가 그곳에서 보니 한 여인이 목욕을 하는데 심히 아름다워 보이는지라" 삼하 11:1~2

기드론 골짜기를 건너 다윗이 여부스 주민에게서 빼앗은 시온 산성 곧 다윗 성의 흔적을 찾았다(대상 11:4~5). 다윗과 솔로몬의 실존을 확증하는 발굴 작업이 여전히 진행되고 있었다. 다윗 성 동쪽 기슭에서 기드론 골짜기 아래로 자리했을 일반 주거 지역을 내려다보며 저녁 무렵 먹잇감을 찾듯 어슬렁거리던 다윗을 떠올린다.

그 밤에 도대체 어떤 일이 벌어진 것일까? 뒤틀린 욕망에 꿈틀거리던 다윗은 그 어둑한 시각 어떻게 목욕하는 여인을 보게 된 것일까? 간음과 살인으로 얼룩진 그날의 일들 속에 헷 사람 우리아의 아내 밧세바는 얼마나 어떻게 연루된 것일까? 그녀는 과연 무고한 피해자이기만 했을까?

그 시절 다윗 성은 크기가 대략 2만 5천 평 규모에 인구는 2천 명 정도인 크지 않은 도시였다. 궁은 기드론 골짜기의 높은 언덕에 있어 주변이 한눈에 보였다. 아마도 헷 사람 우리아의 집은 그 궁 아래, 기드론 골짜기의 일반 주거 지역 어디엔가 있었을 것이다.

당시의 가옥은 작은 크기의 방 하나에 창 하나를 갖춘 단층 구조의 단칸방이 일반적이었다. 창은 담벼락과 지붕 사이의 틈새 공간에 난 들창으로 채광보다는 환기를 위해 쓰였다. 낮 시간 일부를 제외하면 들창으로 들어오는 햇살이 적었다. 따라서 집 안은 낮에도 밝지 않았다.

또 물이 귀한 시절이라 목욕은 일상적이지 않았다. 욕조에 몸을 담그는 목욕 문화가 없었고, 물을 축여서 몸을 씻는 것조차 자주 하지 않던 문화였다. 환절기인 봄철(왕들이 출전할 때)에, 그것도 일교차가 큰 저녁(오후 9~12시)에 야외에서 목욕했다는 것은 지나친 상상이다.

날이 저문 저녁에 궁을 기준으로 남동 방향의 가파른 경사지에 지어진 우리아의 집은 출입구가 남쪽(아래쪽)을 향해 있었다. 가로등이 없고 고작 방 안을 어둡게 비추던 등잔불밖에 없던 시절 누군가가 몸을 씻는다 한들 그것을 밖에서, 그것도 높은 곳에서 볼 수는 없었다. 그런 상황에 누군지를 알아보기까지 한다는 것은 어불성설이다.

그런데 성경은 다윗이 목욕하는 우리아의 아내를 보았다고 말한다. 그가 어떻게 본 것인지, 어찌하여 보게 된 것인지 알 수가 없다. 도대체 어떻게 이런 일이 벌어진 것일까? 정녕 밧세바는 다윗의 권력형 성범죄 사건의 일방적 피해자이기만 했던 것인지 의문이 가시질 않는다.

우리아의 아내 밧세바를 누군가는 성군 다윗을 유혹한 음란한 여인으로 읽고, 또 누군가는 사악한 군주 다윗의 폭력에 짓밟힌 가련한 여인으로 읽을 것이다. 다만 성경은 그녀의 미필적 고의를 숨기지 않으면서도 욕망의 노예로 전락한 다윗의 사악한 몸짓을 더욱 선명하게 드러내고 있을 뿐이다.

다윗 성 농쪽 기슭 가파른 기드론 골짜기,
경사면 아래로 자리 잡았을 일반 주거 지역의 집에서 누군가가 몸을 씻는다 한들
밖에서 그것도 높은 곳에서 보았다는 것은 어불성설 아닌가?

"어떤 사람들의 죄는 밝히 드러나 먼저 심판에 나아가고 어떤 사람들의 죄는 그 뒤를 따르나니 이와 같이 선행도 밝히 드러나고 그렇지 아니한 것도 숨길 수 없느니라" 딤전 5:24~25

다윗 성 아래 기드론 골짜기를 바라보며 디모데전서 말씀을 다시 묵상한다. 우리에게도 이런 숨겨진 것들이 없는지, 드러나야 할 것들이 없는지 돌아보게 된다.

|

통곡의 벽에 손을 대고

"예수께서 대답하여 이르시되 너희가 이 성전을 헐라 내가 사흘 동안에 일으키리라" 요 2:19

인적이 드문 이른 아침, 예루살렘 '통곡의 벽(Wailing Wall)'에 마주 섰다. 벽 위에는 이슬람 황금 사원과 알아크사 사원(Al-Aqsa Mosque)으로 올라가는 간이 시설물이 설치되어 있었는데, 이른 시각임에도 유대인 몇몇이 벽 앞에서 기도하고 있었다.

남자와 여자의 공간이 따로 나누어져 있었다. 하나님을 경외하는 마음으로 머리를 가리는 유대인의 모자 키파(Kippa)를 쓰고 남자의 공간으로 들어섰다. 벽으로 다가가 손을 대고 짧게 기도했다. 벽 왼쪽으로 나 있는 윌슨 아치(Wilson Arch) 문에 들어서니 토라를 읽거나 기도하고 있는 더 많은 유대인을 볼

예루살렘 통곡의 벽과 성전산 황금 사원.
석양에 반짝이는 황금이 인간의 끊임없는 욕망을 투영하는 듯하다.

통곡의 벽 앞에서 토라를 낭송하며 기도하는 유대인.
벽의 틈새마다 기도나 소원을 담은 쪽지가 가득 꽂혀 있다.

수 있었다.

로마 제국의 지배를 받던 유대인들은 세 차례 반란(The Great Revolt)을 일으켰다. 이 반란을 진압하는 과정에서 AD 70년 티투스가 이끄는 로마군이 예루살렘을 점령했다. 이때 바벨론 포로 귀환 이후, 스룹바벨이 솔로몬 성전터에 재건한 제2성전을 다시 대규모로 증축한 헤롯 성전이 돌 위에 돌 하나도 남지 않고 철저하게 파괴되었다.

당시의 성전에서 남은 구조물은 서쪽 벽(Western Wall), 정확히는 성전터를 떠받치는 서쪽 축대에 해당하는 곳뿐이다. 성전이 파괴된 이후 아랍 제국에 점령된 예루살렘으로 목숨을 걸고 찾아온 유대인들은 이 벽 앞에 설 때마다 눈물을 흘리고 통곡할 수밖에 없었을 것이다. 이렇게 통곡하는 유대인들의 발길이 끊이지 않았기에 서쪽 벽을 (유대인들의) '통곡의 벽'으로 부르게 된 것이다.

1967년 '6일 전쟁'을 통해 이스라엘은 서안 지구를 점령하고 통곡의 벽 앞에 있던 아랍인 마을을 밀어내어 광장을 만들었다. 하지만 이후에도 성전산의 관리를 이슬람이 맡게 되면서, 통곡의 벽은 성전산 출입이 금지된 유대인에게 무너진 성전 가장 가까이에서 기도할 수 있는 유일한 장소가 되었다.

통곡의 벽 앞에 서면 돌 틈새마다 하얀 쪽지가 빼곡하게 들어차 있는 것을 볼 수 있다. 기도나 소원을 적은 쪽지가 통곡의 벽에 보관되면 하나님께 가는 길을 찾을 수 있다고 믿는 유대인들이 기도 쪽지를 꽂아 둔 것이다. 통곡의 벽에 머리를 대고 통곡하며 기도하는 유대인들의 모습이 한없이 처연하다. 하나님께 택함받은 가장 큰 영광을 가졌으나 어리석음으로 그 모든 것을 잃어버린 이들의 통곡이 우리 자신을 돌아보게 한다.

하나님의 영광이 떠난 후 무너진 성전터를 바라보며, 문득 또 다른 당혹스러움이 밀려온다. "이 성전을 헐라 내가 사흘 동안에 일으키리라"라고 하신 말씀 그대로 성전 된 예수님이 십자가에 죽고 사흘 만에 부활하신 구원의 복음을 믿는다는 신앙인들이 여전히 교회 건물을 '성전'으로 부르는 반복음적 행태가 떠올랐기 때문이다. 자연스레 이런 물음들이 꼬리에 꼬리를 물고 이어진다.

'만일 교회 건물을 성전이라 부른다면 오늘도 그곳에서 동물 제사를 한다는 말인가? 그렇다면 예수님의 십자가는 거짓이란 말인가? 성전의 목회자는 유대인이 아닌 이방인 한국 사람일 텐데 누가 제사를 지내는가? 그 성전엔 성소와 지성소가 따로 있는가? 성전이 없어 서쪽 벽에서 울고 있는 유대인들에게 한국의 성전을 소개라도 해야 하는가?'

느헤미야 성벽의 대역사

"성벽 역사가 오십이 일 만인 엘룰월 이십오일에 끝나매 우리의 모든 대적과 주위에 있는 이방 족속들이 이를 듣고 다 두려

워하여 크게 낙담하였으니 그들이 우리 하나님께서 이 역사를 이루신 것을 앎이니라" 느 6:15~16

통곡의 벽을 돌아 느헤미야 때 재건된 성벽의 흔적을 찾았다. 다윗 성에서도 일부 확인할 수 있는 느헤미야 성벽은 헤롯이 재건한 성전의 거대한 돌들과 대비되는 작은 돌들로 쌓은 성벽이다. 당시 귀환 공동체의 고단함과 성실함이 느껴진다. 힘이 없어 작은 돌로 쌓을 수밖에 없었던 성벽, 그러나 수많은 이들의 작은 헌신이 모여 공동체를 지켜 낸 성벽이 잔잔한 감동을 준다.

BC 445년경 느헤미야는 페르시아 제국의 속주 유다의 총독으로 임명받아 예루살렘에 도착했다. 그러나 그를 기다리고 있었던 것은 성벽 재건 공사 자체의 어려움과는 비길 수 없는 산발랏와 도비야의 방해와 위협이었다. 공사에 진력하기도 바쁜 와중에 일꾼의 절반은 창을 잡고 경계를 서야 했고, 밤에는 파수를 보는 수고를 감당해야 했다.

이렇듯 가지고 있는 역량을 100% 다 쏟아부을 수 없는 열악한 상황이었지만, 그럼에도 대략 3만 7천 평에 이르는 성을 두르는 성벽 공사를 52일 만에 끝낼 수 있었다. 그야말로 '기적'이라는 말 밖에는 다른 설명이 생각나지 않는 대역사를 이룬 것이다.

자기 집도 제대로 짓지 못하고 상막에 머물며 성벽 재건에 나선 이들의 수고를 헤아려 본다. 절반은 창을 잡고 보초를 서

느헤미야 시대에 재건된 성벽.
헤롯 성전의 거대한 돌들과 대비되는 작은 돌들로 쌓은 성벽이다.

고 절반은 돌을 나르는 열정을 생각하면 가슴이 뭉클해진다. 남녀노소 할 것 없이 온 백성의 하나 된 헌신으로, 불가능하게만 보이던 그 일을 이루어 내는 과정은 하나님의 일하심이었다.

성벽 재건 공사를 시작하기 전, 그 어두운 밤에 홀로 무너진 성벽을 둘러보던 느헤미야는 어떤 마음이었을까(느 2:15)? 앞으로 재건될 성벽을 마음에 그리지 않았을까? 무너진 성벽을 붙들고 "하나님 저를 써 주세요"라고 간절히 기도하지 않았을까?

비록 눈에 보이는 성벽은 무너져 있지만, 하나님을 향한 믿음이 무너지지 않은 한 사람 한 사람의 헌신이 무너진 성벽을 다시 세우는 역사를 이루어 냈다. 이렇듯 하나님의 역사는 한 사람의 신실한 지도자로부터, 무명의 헌신자들에 이르기까지 풍성한 섬김을 통해 마침내 이루어진다.

카르도를 걷다

> "좁은 문으로 들어가라 멸망으로 인도하는 문은 크고 그 길이 넓어 그리로 들어가는 자가 많고 생명으로 인도하는 문은 좁고 길이 협착하여 찾는 자가 적음이라" 마 7:13~14

느헤미야 시대 성벽을 지나 로마 시대 포장도로인 카르도(Cardo)를 걸었다. 로마화된 모든 도시에는 성안의 중앙 대로인 카르도(행 9:11, 곧은 길, 직가 直街)가 있고, 도시와 도시를 연결하던 교통로인 대로(大路)가 있다.

대표적인 대로는 로마에서 이탈리아 남동쪽 브린디시까지 이어지는 아피아 대로(Via Appia)와 브린디시에서 선박으로 아드리아 해를 건넌 후 디라키움에서 비잔티움까지 이어지는 에그나티아 대로(Via Egnatia)이다. 고대 근동에는 이집트에서 시작하여 시리아, 튀르키예로 이어지는 왕의 대로(King's Highway)[5]가 있다.

성안의 대로인 카르도는 큰 기둥이 좌우에 늘어서 있고, 그 뒤로 상점이 이어졌다. 대개 도시의 남북을 연결하는 이 길은 항상 많은 사람으로 붐볐다. 대로로 이어지는 문은 넓은 대문이었으며, 많은 사람이 오가는 공간이었다. 로마화된 도시에 거주하며 넓은 길을 따라 넓은 문을 드나들던 사람들의 절대다수는 로마인이거나 로마화된 유대 귀족 또는 그 추종자들이었을 것이다.

반면 고대 이스라엘의 도로는 대개 자연스럽게 형성된 길이다. 성 밖 광야의 골짜기나 능선을 따라 형성된 길은 구불구불하고 그리 넓지 않았다. 로마 제국의 포장도로와 달리 오랜 시간 사람들이 오가면서 생겨난 그 길은 단순한 도로를 넘어 방향이었다. 그 도로를 따라 걷지 않아도 그 방향으로 걷는다면

---

[5] 왕의 대로: 현대의 요르단을 관통하는 도로로, 이집트에서 시작하여 에돔과 모압을 지나 시리아와 튀르키예를 잇는 출애굽 이동로이다. 이집트 멤피스에서 시작해서 아라비아 북쪽 아카바, 페트라, 길하로셋, 메드바, 랍바, 제라쉬, 길르앗 라못, 아스다롯, 보스라, 다메섹을 거쳐 아나톨리아 반도 튀르키예로 이어진다.

그것이 바로 길이 되었다.

"모든 길은 로마로 통한다"라는 말처럼 그 시절 대로는 항상 로마로 향하는 문이었다. 자신의 이익을 위해 이곳저곳 눈치만 살피던 헤롯을 여우에 빗대어 부르셨던 예수님의 눈에 대로를 걷는 사람은 헤롯 같은 사람이었다(참고, 눅 13:32). 로마로 상징되는 성공과 명예와 재물을 구하는 사람들이 가던 길이 바로 넓은 길이었고, 그 넓은 길은 제국으로 향하는 길이며 세상의 길이었다.

예수님은 당신을 따르는 이들에게 넓은 길이 아니라 좁은 길로 가라고 하셨다. 넓은 길에 놓인 넓은 문은 들어가는 사람이 많지만 좁은 길로 이어지는 좁은 문은 찾는 사람이 적다. 그런데도 넓은 문이 아닌 좁은 문으로 들어가라고 하시는 예수님. 넓은 문은 멸망으로 인도하는 문이요, 좁은 문은 생명으로 인도하는 문이기 때문이다.

제국의 크고 넓은 길, 들어가는 사람이 많은 길, 그러나 멸망의 문으로 향하는 세상의 길이 아닌 광야의 좁고 협착한 길, 찾는 사람이 적은 길, 그러나 생명의 문으로 향하는 싈이 제자의 길이요, 교회의 길이다.

예수 시대 베데스다

"예루살렘에 있는 양문 곁에 히브리 말로 베데스다라 하는 못

요르단 제라쉬(거라사)의 카르도.
제국의 크고 넓은 길은 많은 사람이 가려는 길이지만 멸망의 문으로 향하는 길이다.

이 있는데 거기 행각 다섯이 있고 그 안에 많은 병자, 맹인, 다리 저는 사람, 혈기 마른 사람들이 누워 물의 움직임을 기다리니" 요 5:2~3

사자문으로 불리는 양문은 성전 희생제물이 드나들던 문으로 제물을 사고파는 시장이 있던 곳이다. 그 양문 근처에 있는 베데스다 연못(물 저장고)을 찾았다. 로마화된 도시 예루살렘의 새로운 상징과도 같은 그곳에는 2천 년이 넘은 연못의 한쪽 벽과 비잔틴과 십자군 시대 건물 흔적들이 남아 있다.

예수 시대 이곳은 로마인을 위한 치료 센터였다. BC 1세기 이곳에 있던 두 개의 연못 동쪽에 자리했던 자연 동굴들 가운데 일부가 작은 탕으로 사용되기 시작했다. 연못 하나는 치유의 신 아스클레피오스(Asclepios)의 신전이자 치료 성소인 아스클레페이온(Asklepeion)에 딸린 시설이었다. 행운의 여신 포르투나(Fortuna)의 연못도 있었는데, 그곳에 모여든 이들은 행운의 여신이 가져다줄 운명을 기다렸다. 베데스다는 이방 신전, 이방 신의 행운에 기대어 혹시나 있을지 모를 치유의 순간을 갈망하는 절박한 이들로 가득한 장소였던 것이다.

죽음을 위해 양문을 드나들던 양처럼, 살았으나 살아 있다 할 수 없는 불치의 고통에 시달리는 사람들이 베데스다에 있었다. 물이 동할 때 제일 먼저 뛰어드는 사람이 치유를 받을 수 있다는 행운을 붙들기 위해 자리를 뜨지 못하던 사람들, 누군가의 자녀 혹은 누군가의 부모 혹은 누군가의 친구였을 그들의 이름은 깊어 가는 병과 함께 잊혀져 갔다. 인격을 담은 이름이 아닌 병자라는 비인격적 존재로 불려질 뿐인 사람들이 희망 고문 속에 모여 있었다.

그곳에 있던 38년 된 병자, 제대로 씻지도 닦지도 다듬지도 못한 채 온몸이 불치의 병으로 덮인 그에게서는 어떤 냄새가 났을까? 사람 취급조차 받지 못했을 그에게 누가 선뜻 다가가서 손을 내밀 수 있을까? 그는 어떤 자리에 앉았을까? 오랜 시간 있었던 만큼 뛰어들기 적당한 자리를 차지했기에 그 자리를 뜨는 게 힘든 건 아니었을까?

치유의 희망이 사라져 가던 그에게 예수님이 다가오셨다. "네가 낫고자 하느냐" 물으신 예수님은 "일어나 네 자리를 들고 걸어가라"라고 하셨다. 이제까지 붙들었던 운명에 기댄 희망의 마지막 끈을 놓으라는 말씀이었다. 그리고 순종하는 그에게 예수님은 참된 희망이 되어 그를 낫게 하셨다.

그렇게 38년 된 병자는 나음을 입었지만 아무도 회복된 그의 삶을 주목하지 않았다. 오히려 안식일 계명을 어겼다며 시비거리를 삼을 뿐이었다. 인생의 절박한 갈망과 고통과 눈물 가운데에서 치유를 받기 위해 찾아오는 '자비의 집(베데스다)'에 그 사람에 대한 어떠한 관심도 배려도 도움도 없었다. 그렇게 버려지고 잊혀진 사람에게 예수님은 자비의 손길로 찾아오셨다.

2천 년이 넘은 연못의 한쪽 벽과 비잔틴과 십자군 시대 건물 흔적들이 남아 있는 베데스다

비아 돌로로사

"그들이 예수를 맡으매 예수께서 자기의 십자가를 지시고 해 골(히브리 말로 골고다)이라 하는 곳에 나가시니" 요 19:17

시장통 좁은 골목을 따라 '무덤 교회'를 향하는 길을 걸으며 예수님이 잡히시고 재판받으셨던 그 밤을 떠올린다. 안식일 예비일 밤, 예수님은 성전 동쪽 감람산 어귀 겟세마네에서 붙잡히셨다. 기드론 골짜기를 따라 성전 남서쪽 시온산 언덕 대제사장의 관저로 끌려가 산헤드린 공회의 심문을 받으셨다. 먼동이 틀 무렵까지 이어진 공회는, 온갖 유도 질문과 매수된 증인 그리고 조작된 증거를 통해 예수님을 황제 모독죄 곧 반란죄로 기소하여 십자가형을 받게 하려는 불법의 자리였다(눅 22:47~71).

신약 시대 유대와 갈릴리 사람들에 대한 처형 권한은 로마 제국 총독에게 있었다. 예수님은 갈릴리 사람이지만, 사건 현장과 기소 법정이 유대 지방에 있었기에 유대 총독 본디오 빌라도에게 넘겨지셨다. 빌라도와 헤롯 사이를 오가며 이어진 조작된 혐의에 따른 불법 재판에서 결국 빌라도에 의해 예수님의 십자가형이 확정되었다. 희롱을 당하고 채찍에 맞으신 예수님은 십자가를 지고 골고다에 이르러 오전 9시경 십자가에 못 박히시고 오후 3시경 숨지셨다(눅 23:1~49).

예수님이 십자가를 지고 총독 빌라도의 관정이 있던 안토니아 요새에서 골고다까지 걸어가신 600m의 길을 일컬어 '비아 돌로로사(Via Dolorosa)' 곧 '고통의 길', '슬픔의 길'이라 부른다. 예수님은 30~55kg 정도 되는 십자가의 횡목(Patibulum)을 지고 걸으셔야 했다. 자신이 못 박힐 십자가 형틀을 짊어지고 처형장으로 가는 길은 육체적으로나 심리적으로나 이미 죽은 것과 마찬가지였다.

오래전인 2007년 4월 유월절 시즌에 예루살렘을 찾았던 적이 있다. 당시 미국에서 온 선교 팀과 함께 고난 주간 안식일 예비일에 십자가 퍼포먼스를 하며 비아 돌로로사 열네 지점을 한 곳씩 밟았다. 애써 감정을 잡고 의미를 찾으려 했지만 전설 같은 이야기와 밀려드는 여행객들, 호객 행위에 바쁜 시장통 장사꾼들 속에서 힘겹기만 했던 기억은 지금도 잊혀지지 않는다. 예수님이 십자가를 지고 걸으신 비아 돌로로사를 다시 걸으며 되묻는다. '나는 진정 예수님을 따라 십자가의 길을 걷는 제자인가?'

  제자는 비아 돌로로사를 걸으며
    고통에 슬퍼하는 사람이 아니다.
  제자는 비아 돌로로사를 퍼포먼스로
    기념하는 사람이 아니다.
  제자는 비아 돌로로사를 멀찍이서
    해석하는 사람이 아니다.

예수님께서 십자가의 횡목을 지고 걸어가신 고통과 슬픔의 길 비아 돌로로사,
자기 십자가를 지는 삶은 자기가 못 박힐 자기의 십자가 형틀을 짊어지고
처형장으로 가는 삶을 사는 것이다.

제자는 자기 목숨보다 예수님을 사랑한다.

그 사랑이 제자의 영광이다.

제자는 자기 십자가를 지고 예수님을 따라간다.

그 십자가가 제자의 능력이다.

제자는 자기를 버림으로 예수님을 얻는다.

그 버림과 얻음이 제자의 실존이다.

무덤 교회에 도착하다

> "아리마대 사람 요셉이 와서 당돌히 빌라도에게 들어가 예수의 시체를 달라 하니 이 사람은 존경받는 공회원이요 하나님의 나라를 기다리는 자라" 막 15:43

하루가 다 지나 해가 저물어 가는 시각이 되어서야 예수님의 '무덤 교회(Church of the Holy Sepulchre)'에 도착했다. 예수님이 십자가에 못 박히신 골고다 언덕인 동시에 그분이 묻히신 무덤이 있던 장소로 알려진 그곳은 발 디딜 틈이 없을 만큼 순례자로 가득했다.

2세기 초 아프로디테(Aphrodite) 신전이 있던 자리에 세워진 이 교회는 4세기경 콘스탄티누스 황제와 그의 어머니 헬레나가 세운 교회로도 알려져 있다. 역사의 격랑 속에 파괴와 재건의 과정을 반복하던 무덤 교회는 십자군에 의해서 다시 세워졌

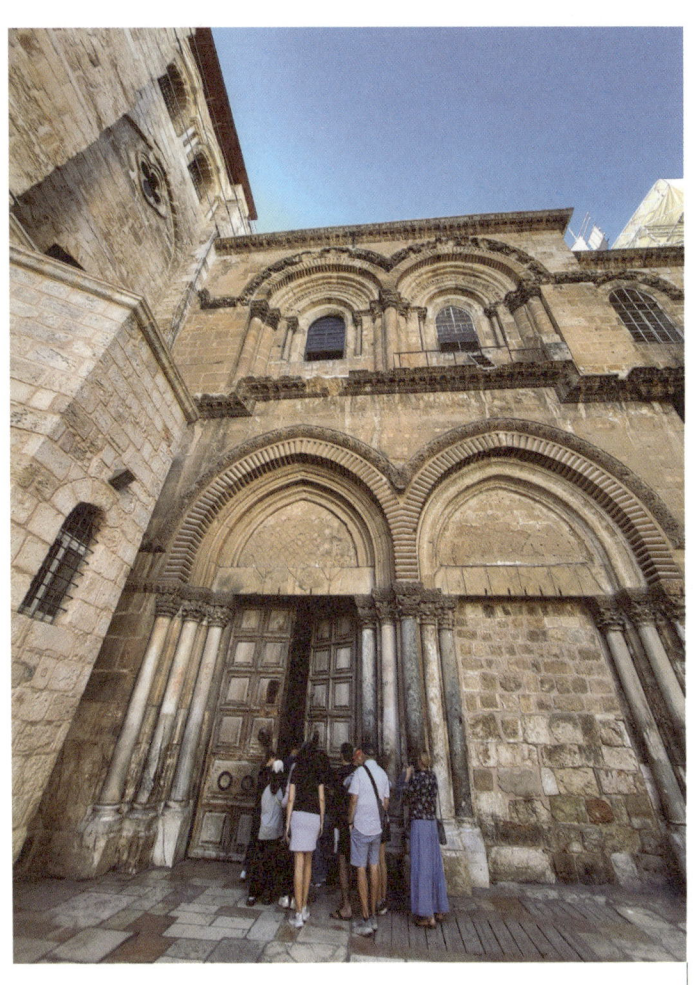

순례자들이 들어서고 있는 무덤 교회,
부활의 복음은 무덤을 기념하고 기억해야 할 아무런 이유도 허락하지 않지만
여전히 무덤을 찾는 역설적 모순이 당혹스럽기만 하다.

고, 오늘날에도 그 모습을 잘 간직하고 있다.

　무덤 교회는 로마 가톨릭, 그리스 정교회, 콥틱 기독교, 시리아 정교회, 아르메니안 정교회 등 여러 교파가 각각 구획을 나누어 사용하고 있다. 그런데 아이러니하게도 이 교회의 열쇠는 무슬림 두 집안에서 공동으로 소유하고 있다고 한다.

　유월절 안식일 예비일에 예수님은 십자가형 집행관인 백부장과 구경하러 모인 무리들, 그리고 갈릴리에서 이곳까지 따라온 여자들이 먼발치에서 바라보는 가운데 골고다 언덕의 십자가에서 마지막 숨을 거두셨다(눅 23:46~49). 예수님의 시신은 유대인의 장례법을 따라 골고다 언덕 가까운 곳에 있던 새 무덤에 안치되었다. 무덤 교회 한구석에서 그 시절 무덤을 떠올리게 하는 바위를 판 무덤을 확인할 수 있다.

　예수님을 장사 지낸 새 무덤의 주인은 아리마대 사람 요셉이었다. 선하고 의로운 부자이자 예수님의 제자인 그는 존경받는 공회원이며, 하나님의 나라를 기다리는 사람이다(마 27:57, 막 15:43). 예수님이 돌아가시자 그의 마음은 분주하고 손놀림이 다급했을 것이다. 해가 지기 전에 예수님의 시신을 무덤에 안치해야 했기 때문이었다. 예수님이 숨을 거두신 것이 확인된 오후 3시 이후, 빌라도 총독을 찾아 면담한 그는 예수님의 시신을 인도받아 장례를 치를 수 있었다.

　그는 시신 인도 허가를 얻어 골고다를 찾았다. 백부장을 비롯한 군 관계자들로부터 시신을 인도받아 서둘러 자신의 가족 묘실로 향했다. 일찍이 한밤중에 예수님을 찾아왔던 니고데모도 몰약과 침향 섞은 향품을 가지고 왔다. 그들은 30kg이 넘는 굉장한 양의 향품을 시신과 함께 세마포로 싸서 서둘러 안치해야 했다(요 19:39~41). 이미 날은 저물었고, 어둑한 유월절 밤이 열리고 있었다. 노을빛이 서럽고 아프게, 눈물로 채워지는 밤이었다.

사실 아리마대 사람 요셉은 예수님의 제자였지만 평소에는 유대인들이 두려워 숨어 있었다. 그런 그가 예수님의 십자가 사건 앞에서 조작된 증거와 가짜 뉴스로 가득한 불법적인 결의에 반대표를 던지고(눅 23:51), 당돌하게 빌라도에게 예수님의 시신을 요구했다(요 19:38). 빌라도와 헤롯도 눈치를 보던 유대 종교 지도자들, 그는 예루살렘에서 가장 강력한 권력을 행사하던 유대 종교 지도자들의 눈치를 보지 않았다. 당당하게 불의를 거부했고, 어떠한 도움도 될 수 없는 죽은 예수님의 시신을 빌라도에게 당돌하게 요구했다. 대범하게 자신과 가문을 위해 준비했던 새 무덤에 예수님을 장사 지냈다.

온갖 음모를 꾸며 대던 대제사장과 총독 빌라도, 그리고 여우 헤롯이 만들어 가는 세상에서 예수님의 편에 선다는 것은 어떤 의미일까? 온갖 사악한 불의가 가득한 세상에서 이미 죽은 예수님을 위한다는 것은 어떤 선택일까? 무덤 교회를 바라보며 우리 인생의 여러 선택을 되돌아본다.

6 믿음을 시험하는 땅, 유대 광야

그러므로 예수도 자기 피로써 백성을
거룩하게 하려고 성문 밖에서 고난을
받으셨느니라 그런즉 우리도 그의 치욕을
짊어지고 영문 밖으로 그에게 나아가자

히 13:12~13

Jerusalem

Judean
Desert

아침 햇살을 받으며 끝없이 이어지는 유대 광야(ⓒ박재은)

유대 산지 예루살렘에서 발걸음을 옮겨 요단강 인근 여리고를 오가던 옛길을 따라 광활하게 펼쳐진 유대 광야를 조망했다. 온갖 들풀과 꽃들이 만발하던 우기철 광야와 메마른 건기철 광야는 사뭇 다른 느낌이었다.

유대 광야는 남북으로 100km, 동서로 20km 정도의 협곡으로 이어지는 가파른 지형이다. 서쪽 능선은 족장로를 따라 예루살렘에서 베들레헴, 헤브론, 브엘세바까지 연결되는 해발 800m 이상의 산악 지대이고, 동쪽은 여리고에서 사해, 소돔으로 이어지는 해저 400m 이하의 낮은 요단 계곡이다.

성경에서는 크고 작은 성 밖 공간을 근접성에 따라 들이나 광야로 표현했다. 마을 안팎의 들판은 목축이나 농경지로 사용되었고, 마을이 형성되지 않은 공간인 광야는 아주 드문드문 목축하는 목자들이나 유목민이 자리를 잡고 살았다.

광야는 뜨거운 햇살과 바람, 높은 일교차, 절대적인 물 부족, 국지성 호우 같은 자연의 위협과 맹수의 위협이 늘 도사리는 공간이다. 그런 광야에서 길을 잃어버리면 그것은 곧 죽음을 의미한다. 물론 광야에도 이따금 나무와 들판이 펼쳐진 곳, 시내와 샘이 흐르는 곳은 있고 야생 생태계도 존재한다.

한편 성 밖의 공간을 지칭하는 광야는 기득권 밖의 자리이기도 하다. 우리말 야인(野人), 재야인사(在野人士) 같은 말에 등장하는 '들(野)'이 광야다. 광야는 공동체에서 밀려난 이들의 힘겨운 삶의 자리이고, 도성 밖 민초의 삶의 애환이 묻어 있는 공간이다.

이곳 광야 어느 곳에선가 예수님은 시험받음으로 공생애를 시작하셨고, 십자가를 지고 성 밖 광야에서 죽임당함으로 공생애를 마치셨다. 공생애의 시작과 끝인 광야, 그곳에서 예수님을 따르는 그리스도인의 삶을 다시 생각한다. 그리스도인의 삶은 안전함과 안락함이 보장된 자기만의 성채를 쌓아 올리는 삶이 아니라, 친히 우리의 성곽이 되시는 하나님의 보호하심에 의지하여 사방이 열린 광야로 나아가 생명의 영광을 일구어 내는 삶이다.

> "여호와의 말씀에 내가 불로 둘러싼 성곽이 되며 그 가운데에서 영광이 되리라" 슥 2:5

충만한 골짜기 조하르

> "내 거룩한 산 모든 곳에서 해 됨도 없고 상함도 없을 것이니 이는 물이 바다를 덮음같이 여호와를 아는 지식이 세상에 충만할 것임이니라" 사 11:9

> "이는 물이 바다를 덮음같이 여호와의 영광을 인정하는 것이 세상에 가득함이니라" 합 2:14

브엘세바에서 유대 광야와 남방 네게브 사잇길을 따라 사해로 향하다 보면 조하르 골짜기를 지난다. 그곳 전망대 앞으로 펼쳐진 풍경은 그야말로 장관이다. 골짜기에는 우기철마다 국지성 호우와 함께 급하고 강한 물이 사해로 흘러간 흔적이 선명하게 드러나 있다. 평상시에는 마른 시내를 이루며 여행자들에게 걷기 좋은 트레킹 코스를 제공하지만 우기철에는 생사를 가르는 위험을 주기도 하는 골짜기이다. 곳곳에 작은 그늘을 만들어 주는 싯딤나무가 자라는 조하르 골짜기는 웅장한 세계를 꿈꾸게 하는 힘이 느껴지는 곳이다.

광활한 골짜기를 내려다보며 오래전 이사야와 하박국 선지자가 노래했던 것처럼 "물이 바다를 덮음같이" 여호와를 아는 지식과 여호와의 영광을 인정하는 것이 가득한 세상을 그려 본다. 문득 궁금해진다. 이 노래 속 바다는 어느 바다를 가리키는 것일까? 물이 바다를 덮는다는 것은 어떤 모습일까? 물이 바다를 덮는 소리와 현장은 어떻게 드러나는 것일까?

분명 성경에는 갈릴리 호수(바다), 동해(염해 鹽海, 아라바 바다, 사해), 서해(대해 大海, 지중해), 홍해처럼 바다라고 부르는 곳이 등장한다. 갈릴리 호수로 급류가 형성되어 흘러 들어가 호수를 덮는 장면 앞에서 갈릴리 사람들은 어떤 그림 언어를 만들어 냈을까? 사해 주변 사람들에게 국지성 호우와 폭우로 갑자기 불어난 물이 거친 물살을 일으키며 골짜기를 덮고 사해를 덮는 장면은 어떤 느낌으로 다가왔을까?

광야에서 국지성 호우와 급류가 낮은 곳으로 흘러 들어가는 장면은 아찔하기 그지없다. 순식간에 그 바다를 덮어 버린다.

웅장한 힘이 느껴지는 조하르 골짜기,
거친 물살을 일으키며 골짜기를 덮고 사해를 덮은 물처럼
여호와의 영광을 인정하는 것이 이 땅에 가득 넘쳐 나게 하소서!

사해와 주변 골짜기가 닿아 있는 곳에는 지금도 곳곳에 사구(砂丘)가 형성된 것을 볼 수 있다. 사해 주변 골짜기에 많은 물이 쏟아져 내리면서 자연스럽게 형성된 모래 언덕이다. 그 사구의 폭과 넓이는 유입되는 물의 양과 속도가 상당했음을 짐작하게 한다.

이런 자연 현상을 알았던 선지자 이사야는 "물이 바다를 덮음같이" 누구도 막을 수 없는 급한 속도로 여호와를 아는 지식이 온 땅에 충만하게 차오르는 것을 떠올렸을 것이다. 하박국도 "물이 바다를 덮음같이" 거칠고 빠르게 여호와의 영광을 인정하는 것이 온 세상에 가득 넘치는 것을 떠올렸을 것이다.

그렇게 급류가 바다로 밀어닥치듯이, 하나님을 아는 지식과 하나님의 영광이 밀려들어 숨쉬기도 버거운 답답함이 가득한 이 땅을 덮어 버리기를 소망한다. 역사를 향한 하나님의 강력한 움직임은 그 누구도 막아설 수 없음을 믿는다. 여호와여 일어나소서! 아멘.

피난처 마사다

"나는 주의 힘을 노래하며 아침에 주의 인자하심을 높이 부르오리니 주는 나의 요새이시며 나의 환난 날에 피난처심이니이다" 시 59:16

조하르 골짜기를 지나면 바로 세계인의 사랑을 받는 사해 리조트 지역이 나온다. 그곳을 지나 사해 변을 따라 길을 오르다 보면 우뚝 솟은 거대한 바위 절벽을 만난다. 유대 광야 동쪽 가장자리에 자리 잡은 이곳이 고대 이스라엘의 궁전이자 요새인 마사다이다.

사방이 높이 400m가 넘는 절벽으로 이루어진 마사다는 헤롯 대왕의 피난처를 겸한 궁전인 동시에 유대인들이 로마에 최후까지 항거했던 비극의 장소로도 알려진 곳이다. 지금도 이스라엘의 젊은 군인들은 이곳을 찾아 "선조들이 어떻게 죽었는지 잊지 마라. 마사다를 기억하라"라고 외치며 전의를 다진다고 한다.

마사다의 깎아지른 절벽 위 정상을 오르는 방법은, 마사다 중턱에서 케이블카를 타거나 '뱀 길(Snake Path)'이라고 불리는 지그재그 좁은 길을 따라 걸어 오르는 것이다. 중무장한 로마 군인들은 도저히 오를 수 없었을 것 같은 그 좁은 언덕길을 오르다 보면 하나님이 우리의 요새이시며 환난 날의 피난처 되신다는 찬양이 저절로 흥얼거려진다.

AD 66년에 시작된 반로마 항쟁은 70년 예루살렘 함락과 함께 일단락되었다. 그 후 73년까지 이곳 마사다에서는 최후의 항전이 이어졌다. 960명의 열심당원을 진압하는 데 실바 장군이 이끄는 1만 5천 명의 로마군이 4년이 걸릴 만큼 마사다는 천혜의 요새였고, 유대인들은 죽음으로 최후까지 항전했다. 나당(羅唐) 연합군에 맞선 백제 계백 장군의 황산벌을 떠올리게 하는 마사다는 이스라엘의 아픈 역사와 함께 끝까지 굴복하지 않는 저항의 정신을 품은 현장이다.

마사다 국립공원 입구에는 마사다 모형과 함께 항쟁 당시에 사용하던 등잔과 돌 폭탄 같은 유물들이 전시되어 있다. 특히 두렙돈(Prutah)이 한 주먹 쌓여 있는 것이 인상적이다. 두렙돈은 렙돈(Lepton) 두 개를 뜻하는 것이 아니라 독립된 화폐 단위이다. 두렙돈의 한쪽 면에는 '알렉산더'라고 적혀 있고, 능력과 힘을 상징하는 배의 키(Rudder)가 그려져 있다. 다른 면은 '여호야단'이라는 글자와 태양(수레바퀴)이 그려져 있다.

이 두렙돈은 다윗 왕국의 영광을 거의 회복했던 하스모니안 왕조[6]의 최고 권력자 알렉산더 얀네우스 왕이 이스라엘의 독립과 성전 회복에 대한 열망을 담아 만든 동전이다. 마사다 유물 속 두렙돈은 그곳에서 죽어 간 이들의 간절한 소망이 무엇이었는지를 잘 보여 준다.

로마 제국은 이스라엘을 지배하면서 두렙돈의 가치를 형편없이 떨어뜨렸다. 대략 두렙돈 3백 개가 있어야 로마 군인의 하루 품삯에 해당하는 데나리온과 비슷한 가치를 가졌다. 황제의 돈의 위력 앞에 두렙돈은 비교가 안 되는 푼돈이 되어 버린 것이다. 여호와 하나님의 보호하심이나 성전의 회복 같은 희망이

---

[6] 하스모니안 왕조: BC 164년 셀레우코스의 지배를 받던 유대인들이 봉기를 일으켜 예루살렘을 점령한다. 이후 오랜 투쟁 끝에 BC 141~63년(로마가 이스라엘을 점령할 때까지), 곧 79년 동안 유대 땅에 독립 국가를 세우고 통치한 왕조가 하스모니안이다. 독립의 배경이 되는 반유대주의와 마카비 가문에 대한 구체적 역사는 구약 외경 〈마카베오 상·하〉에 잘 나와 있다.

얼마나 보잘것없는 것인지를 각인시키기 위함이었다.

가난한 유대인들이 두렙돈을 사용할 때마다 민족적 자존심과 기상은 땅에 떨어져 갔다. 이스라엘과 성전의 회복 메시지를 담은 두렙돈은 어느새 희망이 아닌 절망과 좌절로 다가오고 있었을 것이다.

마사다의 두렙돈을 바라보며 성전에서 헌금을 넣던 가난한 과부를 생각한다. 성전을 찾아 헌금을 넣는 부자들 사이에서 가난한 과부가 유대인의 희망과 절망이 교차하는 푼돈 같은 두렙돈을 헌금함에 넣었다(눅 21:1~2). 그녀가 드린 헌금 두렙돈은 물질의 궁핍함과 어려움 속에서도 하나님을 전적으로 붙드는 헌신의 고백이었고, 어둠 속에 사라져 가던 공동체의 꿈을 잃어버리지 않으려는 소망의 고백이었다.

당시 성전 안 여인의 뜰에는 열세 개의 헌금함이 있었다. 과부는 각종 목록의 헌금함을 지나 자원 헌금을 넣는 열세 번째 헌금함에 두렙돈을 넣었을 것이다. 나팔 모양의 헌금함에 동전을 넣으면 아래로 떨어지면서 그 소리가 울려 퍼진다. 금화, 은화, 두렙돈은 떨어질 때 서로 다른 소리가 났기에 부자들이 헌금할 때 나는 소리와 가난한 과부가 두렙돈을 헌금할 때 나는 소리가 달랐다.

부자들이 넣은 금화나 은화의 울림이 나팔을 불고 있는 그곳에서 두렙돈 떨어지는 소리를 낸 과부를 보는 사람들의 시선은 어땠을까? 특히 긴 옷을 입고 다니며 시장에서 문안받는 것과 회당이나 잔치의 높은 자리를 좋아하던 사람들의 시선은 어떴을까? 과부의 가산을 삼키며 외식으로 길게 기도하는 사람들은 두렙돈 떨어지는 소리를 듣고 가난한 과부를 보면서 어떤 판단을 했을까?

아마 가난한 과부의 헌신은 업신여김을 당했을 것이다. 로마의 편에 서서 부와 권력에 취해 있던 사람들은 가난한 과부의 푼돈을 하찮게 여기며 무시했을 뿐 아니라 그녀가 품었던 이스라엘의 독립과 성전 회복을 향한 열망까지도 멸시하고 조롱했을 것이다. 그런데 그 업신여김과 멸시의 시선을 뒤로하고 종종걸음으로 성전을 떠나가는 가난한 과부를 바라보며 예수님은 이렇게 칭찬하셨다.

> "이르시되 내가 참으로 너희에게 말하노니 이 가난한 과부가 다른 모든 사람보다 많이 넣었도다 저들은 그 풍족한 중에서 헌금을 넣었거니와 이 과부는 그 가난한 중에서 자기가 가지고 있는 생활비 전부를 넣었느니라 하시니라" 눅 21:3~4

예수님은 자신의 생활비 전부를 드리는 가난한 과부의 물질적 헌신을 아셨다. 과부의 마음에 담긴 이스라엘 독립과 성전 회복에 대한 열망도 아셨다. 또 그런 가난한 과부를 업신여기고 멸시하는 사람들의 교만함을 아셨다. 가난한 사람을 무시하면서 오히려 그들의 가산을 삼키는 사람들의 폭력적인 위선도 아셨다.

그 예수님이 우리의 마음도, 헌신도 지켜보신다. 구차한 가

사방이 절벽인 마사다를 오르는 유일한 길인
지그재그 뱀 길과 유대 광야, 헤롯 대왕의 피난처를 겸한
궁전인 동시에 유대인의 반로마 최후 항전지이다.(위)

마사다에서 발견된 환율 가치 이상으로
더 소중한 사연을 가진 두렙돈들(아래)

운데 최선의 헌신을 드리는 믿음에 감격하신다. 절망과 좌절의 현실에서도 여전히 희망을 놓지 않는 열망을 보며 기뻐하신다. 온통 교회를 조롱하고 믿는 이들을 멸시하는 풍조 속에서도 교회를 교회 되게 하실 하나님의 꿈을 품은 간절함을 보시고 응답하신다.

다윗 폭포와 엔게디

> "사울이 블레셋 사람을 쫓다가 돌아오매 어떤 사람이 그에게 말하여 이르되 보소서 다윗이 엔게디 광야에 있더이다 하니 사울이 온 이스라엘에서 택한 사람 삼천 명을 거느리고 다윗과 그의 사람들을 찾으러 들염소 바위로 갈새" 삼상 24:1~2

사울을 피해 이리저리 도망 다니던 다윗이 숨어든 유대 광야 엔게디를 찾았다. 광야 한가운데 신선한 폭포가 쏟아지는 곳이다. 여리고 부드러운 이미지의 '아기 염소의 샘'이란 의미와는 달리 엔게디는 유대 광야 동쪽에 위치한 주요 요새였다(삼상 23:29).

우기철 끝자락에 싯딤나무와 로뎀나무(대싸리나무)를 확인하며 골짜기를 따라 안쪽으로 들어가다 보면 푸릇푸릇 풀들이 돋아난 것을 볼 수 있다. 골짜기의 절벽 이곳저곳에는 사람이 파 놓은 듯도 하고 저절로 생긴 듯도 한 동굴이 여럿 있다. 지런 곳에 사람이 살았단 말인가 하는 생각이 절로 든다.

그런 곳에 다윗이 있다는 소식을 들은 사울은 그를 잡기 위해 3천 명의 병사를 이끌고 찾아왔다. 뜨거운 태양을 뚫고 달려온 사울은 시원한 물 한 모금 들이켜고 나서 잠시 열기를 식힐 휴식 장소를 찾았을 것이다. 그런데 가까운 동굴에서 잠시 쉬고 있던 사울의 옷자락을 다윗이 슬며시 베어 나왔다. 그 후 골짜기를 사이에 두고 사울과 다윗이 이야기를 주고받았던 곳이 바로 이 엔게디 광야이다(삼상 24:1~22).

다윗은 어느 동굴에 숨어 있었을까? 답 없는 물음을 곱씹으며 골짜기를 따라 올라가는데, 졸졸졸 물 흘러가는 소리가 나는가 싶더니 곧 어른 키의 세 배 정도 되는 폭포가 나온다. 때마침 수학여행 온 학생들의 재잘거리는 웃음소리와 물소리가 흥겹게 어우러진다. 물줄기를 따라 좀 더 위로 올라가면 높이 50m가 훨씬 넘는 '다윗 폭포(David Waterfall)'를 만날 수 있다. 광야에서 흔히 볼 수 없는 아주 멋진 폭포다. 온통 메마른 광야의 골짜기 한가운데서 옥색의 맑은 폭포를 만난 다윗의 마음은 감격 그 자체였을 것이다.

아마 광야를 헤매던 다윗은 달아오른 몸의 열기를 이곳에서 식혔을 것이다. 그뿐만 아니라 광야의 동물들도 이 물가로 모여들었을 것이다. 가젤과 늑대, 사반(바위너구리)과 사슴이 이곳에서 물 한 모금 마시며 목을 축였을 것이다. 광야는 그렇게 자연과 사람이 함께 어우러져 살아가는 생명이 흐르는 곳이다. 인생의 절박한 외로움과 아픔을 안고 있던 다윗, 그는 떨어지

엔게디의
다윗 폭포

는 광야의 폭포 앞에서 물을 움키며 이렇게 노래했을 것이다.

"하나님, 사슴이 시냇물 바닥에서 물을 찾아 헐떡이듯이, 내 영혼이 주님을 찾아 헐떡입니다. 내 영혼이 하나님, 곧 살아 계신 하나님을 갈망하니, 내가 언제 하나님께로 나아가 그 얼굴을 뵈올 수 있을까? … 내 영혼아, 네가 어찌하여 그렇게 낙심하며, 어찌하여 그렇게 괴로워하느냐? 너는 하나님을 기다려라. 이제 내가 나의 구원자, 나의 하나님을 또다시 찬양하련다." 시 42:1~2, 11, 새번역

에스겔 47장과 에놋 츠킴

"또 이 강가에 어부가 설 것이니 엔게디에서부터 에네글라임까지 그물 치는 곳이 될 것이라 그 고기가 각기 종류를 따라 큰 바다의 고기같이 심히 많으려니와" 겔 47:10

유대 광야 골짜기를 흘러내려 솟아나는 맑은 샘물과 사해의 짠물이 만나는 에놋 츠킴 자연 보호 구역에 들렀다. 그곳은 갈대가 짠물에서 자라는지 샘물에서 자라는지 의문이 들 정도로 사해 가까운 곳인데도 울창한 갈대숲을 이루고 있다. 거의 밀림 수준의 갈대숲 사이로 솟아나는 샘물로 조성한 야외 수영장은 사계절 쾌적한 소풍 장소로 많은 이들의 사랑을 받고 있다

고 한다. '에인 페스카(Ein Feshkha)'라고도 불리는 이곳이 에스겔 47장에 나오는 '성전 환상'에서 엔게디와 함께 언급되는 '에네글라임'이 아닐까 추측하게 되는 곳이다.

하나님은 환상 가운데 에스겔 선지자를 예루살렘 성전 문으로 데리고 가셨다. 그는 성전 문지방 밑에서 물이 흘러나오는 것을 보았고, 그 물은 점점 불어나서 마침내 사람이 능히 건너지 못할 강이 되었다. 그 물이 성전의 동쪽으로 흘러 아라바로 내려가서 바다에 이르렀고, 이 물로 바다의 물이 되살아났다(겔 47:1~8).

에스겔이 환상에서 보았던 '바다'는 어떤 바다일까? 그것은 소금 바다, 아라바 바다, 동쪽 바다 곧 사해로 볼 수 있다. 감람산과 예루살렘 성전 사이에 있는 기드론 골짜기 기혼 샘이 유대 광야 골짜기를 따라 흐르고 흘러 사해까지 흘러드는 모습을 떠올릴 수 있다.

> "그때에는 어부들이 고기를 잡느라고 강가에 늘 늘어설 것이다. 어부들이 엔게디에서부터 에네글라임에 이르기까지, 어디에서나 그물을 칠 것이다. 물고기의 종류도 지중해에 사는 물고기의 종류와 똑같이 아주 많아질 것이다." 겔 47:10, 새번역

에스겔은 하나님께 이 말씀을 들었다. 이는 물고기가 살 수 없는 사해가 물고기가 사는 바다로 살아나듯 장차 이스라엘이 회복될 것을 약속하신 말씀이었다.

우거진 숲 사이로 야외 수영장이 있는 에놋 츠킴, 더위를 식히며 실패하지 않는 하나님의 사랑의 메아리를 나눈다.

오늘날 이스라엘 정부의 적극적인 보호를 통해 초록으로 가꿔지고 있는 엔게디에서 에네글라임(에놋 츠킴)까지 약 30km에 이르는 지역을 내다보니 하나님이 에스겔에게 약속하신 말씀이 성취되어 가는 듯하다. 특히 유대 광야가 끝나는 에놋 츠킴의 우거진 갈대숲에는 새들이 지저귀고, 물고기들이 헤엄치고 있다. 뜨거운 여름날 에놋 츠킴의 시원한 샘물에 몸을 담그며 웃음꽃을 피우는 이들 앞에서 생명을 살리는 하나님의 은혜를 더욱 갈망하게 된다. 주여! 이 땅의 모든 죽어 가는 것들이 되살아나게 하소서!

|

여리고 옛길

"예수께서 대답하여 이르시되 어떤 사람이 예루살렘에서 여리고로 내려가다가 강도를 만나매 강도들이 그 옷을 벗기고 때려 거의 죽은 것을 버리고 갔더라" 눅 10:30

여리고에서 예루살렘으로 이어지는 옛길(Wadi Qelt)을 걷기도 하고, 둘러보기도 하며 2천 년 전 이 길을 걸으신 예수님을 생각한다. 당시 갈릴리 지역 거주자들은 예루살렘을 오갈 때, 요단강 건너 데가볼리 지경을 거쳐 여리고 맞은편 모압 평지에 이르러 요단강을 다시 건너 여리고에서 예루살렘으로 올라가는 길을 이용했다.

앞서 카르도에 관해 이야기했던 것처럼, 그 시절 로마인은 포장된 도로나 이정표를 따라 길을 걸었고, 유대인들은 방향으로 길을 걸었다. 예루살렘에서 여리고로 가는 유대인들은 여리고 방향으로만 가면 된다고 생각했을 것이다. 다만 사람들이 다 아는 그 길을 따라갔다. 그렇게 아둠밈 비탈길과 르바임 골짜기 길, 유브라데 하수가 흐르는 골짜기를 따라 이어지는 비포장의 좁은 길을 따라 걸었을 것이다.

신약 시대 유월절을 지내는 많은 사람이 한두 줄로 갈 수밖에 없는 이 좁다란 길을 따라 걸었다. 해발 고도가 1000m 넘게 차이 나는 좁고 가파른 길을 오르내리며 일행을 점검하기란 쉽지 않았을 것이다. 누가복음에는 이 길을 걷던 요셉과 마리아가 어린 예수님을 잃어버리는 이야기가 나온다. 예루살렘에서 명절을 보내고 내려가는 길에 그들은 아들 예수가 함께 있는지 파악하지 못한 채 길을 가다가 뒤늦게 그 사실을 깨닫고 이틀이 지나서야 다시 찾을 수 있었다(눅 2:43~46).

그 시절에는 이처럼 어린 자녀를 길에서 잃어버리는 일이 빈번했을 것이다. 그렇다면 당시 예루살렘에는 성전 미아보호소 같은 곳이 있지 않았을까? 아니면 미아를 담당하는 레위인이 있었을지도 모를 일이다.

성경에는 이 길 어딘가에 쓰러져 누워 있던 사람의 이야기도 나온다. 길에서 강도를 만나 옷이 벗겨지고 두들겨 맞아 거의 죽게 된 사람이다. 아마 새벽녘에 예루살렘을 떠나 아침 햇살을 받으며 비탈길을 내려갔을 제사장과 레위인은 널브러진 그를 발견하자 피해서 지나갔다. 그러나 여행 중이던 사마리아 사람은 그를 불쌍히 여겨 적극적인 돌봄으로 자비를 베풀었다(눅 10:30~35). 누가 강도 만나 버려진 사람의 이웃일까? 자비를 베푼 그 사람이 아닌가?

사마리아 사람은 오래전부터 알고 지내던 가까운 사이라서 강도 만난 사람을 돌본 것이 아니다. 다만 죽어 가는 사람에게 다가가 돌보아 줌으로 이웃이 되었을 뿐이다. 그는 본성적으로 선한 사람이어서 '선한 사마리아 사람'으로 불린 것이 아니다. 다만 그저 그런 보통의 사람인 그가 베푼 자비로 말미암아 '선한 사마리아 사람'으로 불리게 되었던 것이다.

문득 덴마크 코펜하겐 거리에 있던 한 조각상이 떠오른다. 깡마른 사람의 등에 올라탄 배부른 뚱보를 표현한 '뚱보의 생존(Survival of the Fattest)'이라는 작품이다. 그 작품 아래 이런 문구가 새겨져 있다.

> "나는 한 사람의 등에 올라타 있다. 그는 짐이 무거워 가라앉으려 한다. 나는 이 사람을 도울 수 있다면 무슨 일이든 하겠다. 다만 그의 등에서 내려오고 싶지는 않다."

사는 게 고단하고 피곤한 인생길에서 우리는 누군가의 이웃이 되어야 한다. 우리의 이웃이기 때문에 돕는 것이 아니라, 우리의 자비가 필요한 사람이기에 돌보아 주는 이웃이어야 한다. 우리의 본성과 상관없이 자비를 베푸는 선을 실천해야 한다.

예루살렘에서 여리고로 내려가는 옛길 와디 켈트.
좁은 길을 따라가면 멀리 보이는 여리고 평지에 이르게 된다.

우리는 인생길에서 만난 그 누군가를 상하게 하는 강도가 되려는가? 아니면 자비를 베푸는 이웃이 되려는가?

엔 프라트의 썩은 띠

"내가 유브라데로 가서 그 감추었던 곳을 파고 띠를 가져오니 띠가 썩어서 쓸 수 없게 되었더라" 렘 13:7

언덕 위에서 조망하던 유대 광야의 속살을 들여다보고 싶었다. 예루살렘에서 여리고에 이르는 옛길은 맑은 샘이 있는 엔 프라트에서 시작되기에 그곳을 찾아갔다. 그곳에는 광야의 또 다른 모습이 펼쳐지고 있었다. 광야가 사람이 살 수 없는 황무지이기도 하지만 또한 숨 쉴 수 있는 곳, 나름의 생태계를 이루며 살아가는 곳임을 느낄 수 있었다.

엔 프라트는 선지자 예레미야가 베띠를 감추라고 지시받은 '유브라데'이다. 어떤 이들은 '유브라데' 하면 메소포타미아 땅에 흐르는 유프라테스강을 먼저 떠올리겠지만, 그곳은 예레미야의 고향 아나돗에서 한 달 이상 가야만 하는 먼 거리에 있다. 엔 프라트에서 그리 멀지 않은 곳에 있는 아나돗은 오늘날 아랍 도시 '아나타(Anata)'라는 이름으로 남아 있다.

하나님은 예레미야에게 "베띠를 사서 네 허리에 띠고 물에 적시지 말라"라고 말씀하셨고, 유브라데로 가서 그 띠를 바위

틈에 감추라고 하셨다. 예레미야는 그 말씀을 따라 유브라데 물가에 띠를 감추었고, 여러 날이 지난 뒤 띠를 가져왔으나 이미 썩어서 쓸모없게 되었다(렘 13:1~7).

고대 이스라엘에서 서민은 통으로 짜인 하의와 긴 겉옷 한 벌이면 족했다. 옷은 추위와 더위를 피하는 수단일 뿐이었고, 채색옷이나 수놓은 옷은 멋을 낼 수 있었던 부유한 이들의 전유물이었다. 또한 그 시절 베띠는 단순한 허리띠가 아니었다. 오늘날 스카프나 넥타이를 하듯이 바지 위에 걸쳐 입는 패션 포인트 멋내기용 장식이었다. 그러므로 베띠를 허리에 두른다는 것은 스스로를 존귀하게 하고, 명예를 드높이고, 무엇이든 누리고 있다는 것을 의미했다.

그런데 하나님은 그런 베띠를 썩어 쓸모없게 하셨다. 이것은 하나님의 말씀 듣기를 거절하며 그 마음의 완악한 대로 행하고, 다른 신을 섬기며 그에게 절하는 교만한 유다와 예루살렘을 썩어 쓸모없게 하시겠다는 예언적 선포였다. 하나님은 그들로 하나님의 이름과 명예와 영광이 되게 하려 하셨으나 듣지 않기에 쓸모없게 하셨다(렘 13:9~11).

오늘 우리 또한 하나님이 쓸모없게 하지 않으실까 심히 두렵다. 너무나 분명한 폭력성을 알면서도 물질적 우상을 따라가며 애써 모른 척하는 우리, 하나님 보시기에 악한 일이 분명한데도 좋은 게 좋은 거라며 선망하는 우리, 주변의 연약한 생명을 짓밟아도 애써 모른 척 침묵하는 우리를 향해 하나님은 뭐라 하실지 심히 두렵다. '이제 너희는 쓸모없게 되었다' 하지 않

유대 광야 속 맑은 샘물이 흐르는 엔 프라트,
예레미야의 고향 아나돗에서 멀지 않은 유브라데인 이곳에는
베띠를 숨기기에 좋은 바위가 많다.

으실까 두려워 오늘도 긍휼을 구한다.

"여호와여 내가 주께 대한 소문을 듣고 놀랐나이다 여호와여 주는 주의 일을 이 수년 내에 부흥하게 하옵소서 이 수년 내에 나타내시옵소서 진노 중에라도 긍휼을 잊지 마옵소서" 합 3:2

정결의 상징 우슬초

"거기 신 포도주가 가득히 담긴 그릇이 있는지라 사람들이 신 포도주를 적신 해면을 우슬초에 매어 예수의 입에 대니" 요 19:29

유대 광야 엔 프라트 언덕에서 야생 우슬초를 만났다. 이스라엘은 점점 사라져 가는 야생 우슬초를 보호하기 위해 채취 금지법을 만들었다고 한다. 그런 사정이다 보니 시중에서 여러 모양으로 유통되는 우슬초는 자연산이 아니라 모두 농가에서 재배된 것들이다.

우슬초는 재래시장에서 싱싱한 것과 건조시킨 것을 판다. 싱싱한 우슬초를 말려 두면 수년이 지나도 그 향이나 약효가 그대로 지속된다고 한다. 향신료 집에서는 곱게 간 우슬초 가루를 판다. 종합 조미료 역할을 하는 우슬초 가루는 예루살렘 근교 베다니의 화덕 빵집 피자나 갈릴리 가나의 빵을 만드는 식재료로도 사용되었다. 우슬초 피자나 우슬초 빵은 이스라엘의 특별한 맛과 향을 체험하는 별미이다.

우슬초가 성경에 처음 등장한 것은 출애굽 유월절 사건이다. 애굽에 내린 열 가지 재앙으로 죽음이 온 땅을 뒤덮을 때 우슬초로 어린양의 피를 뿌린 집마다 죽음이 넘어가는 유월의 은혜를 누렸다(출 12:22). 어린양의 피를 뿌리는 데 왜 우슬초 묶음이 필요했을까?

우슬초는 정결의 향이다. 고대로부터 향과 맛뿐 아니라 박테리아를 제거하는 살균 소독 작용으로 인해 정결하게 하는 식물로 알려져 있었다. 우슬초는 이런 정결 효능이 있어서 성경에서 정결 예식의 식물로 자리 잡았던 듯하다.

레위기를 보면 나병 환자가 치료되었을 때 제사장은 정결한 새의 피를 우슬초로 일곱 번 뿌리며 "정하다"라고 외쳤다(레 14장). 민수기를 보면 시체를 만져 부정하게 되었을 때 불사른 재를 흐르는 물에 섞어 우슬초로 뿌려 정결하게 했다(민 19장). 밧세바와 간음죄를 범한 다윗은 회개하며 우슬초로 자신을 정결하게 해 달라고 기도했다(시 51:7).

출애굽 구원의 중심인 유월절에 우슬초가 있었다면 예수님의 유월절 골고다에도 우슬초가 있었다. 십자가에 달려 고통스러워하는 예수님의 입에 쓸개 탄 신 포도주를 적신 해면을 입에 가져다드릴 때 쓰인 것이 우슬초였다(요 19:29). 이렇게 우슬초는 출애굽 구원과 십자가 구원을 이어 주는 정결한 식물로 쓰였다.

"우슬초로 나를 정결케 해 주십시오. 내가 깨끗하게 될 것입니다. 나를 씻어 주십시오. 내가 눈보다 더 희게 될 것입니다." 시 51:7, 새번역

엔 프라트의 야생 우슬초

7 생명이 흐르는 땅, 요단강과 사해

너희의 동쪽 경계는 하살에난에서 그어
스밤에 이르고 그 경계가 또 스밤에서
리블라로 내려가서 아인 동쪽에 이르고
또 내려가서 긴네렛 동쪽 해변에 이르고
그 경계가 또 요단으로 내려가서 염해에 이르나니
너희 땅의 사방 경계가 이러하니라
민 34:10~12

요르단 아르논강이 사해로 합류하는 와디 엘무집, 소돔이 멀지 않은 그곳에 사해 역청 구덩이가 이어진다.

약속의 땅 가나안의 동쪽 경계는 갈릴리 호수의 동쪽 해변에서 요단을 따라 내려가 사해까지 이르게 된다. 헐몬산 기슭에서부터 갈릴리 호수를 거쳐 사해 남단 에일랏까지 거대하게 뻗은 요단 골짜기 가운데 갈릴리 호수에서 사해까지 흐르는 강이 요단강이다.

성경의 땅에서 '강'은 폭에 상관없이 사시사철 물이 흐르는 곳이다. 사실 요단강이나 얍복강과 같은 가나안의 강은 나일강이나 유프라테스강에 비교하면 시냇물이나 개울로밖에 보이지 않는다.

해수면보다 낮은 요단강의 직선거리는 약 105km이지만 구불구불한 굴곡을 모두 측정하면 약 320km가 넘는다. 뱀이 움직이듯이 흐른다 하여 사행천(蛇行川)으로 불리는 요단강은 부드럽고 미세한 진흙 입자가 가득한 하류에 이르면 진한 황톳빛으로 바뀐다. 강변 지역에는 늪지나 습지와 함께 퇴적토가 쌓인 저지 평야(Zor, 요단 수풀, 렘 49:19)가 형성되고, 요단 들녘 남북으로는 고지 평야(Ghor)가 이어진다.

다리가 없었을 성경 시대에 당시 사람들은 수심이 낮은 곳은 그냥 건넜겠지만, 수심이 깊거나 강폭이 넓은 곳은 거룻배나 나룻배를 이용했을 것이다. 갈릴리 호수와 사해 사이 요단강 좌우에 최소한 60개 정도의 나루가 있었던 것으로 추정된다.

요단을 흘러내린 물이 모이는 사해는 세상에서 가장 낮은 지역(-430m)으로 현재는 유량 감소로 인해 매년 1m 이상씩 말라 가고 있다. 사해의 염분 함유도는 30%가 넘는데, 보통 바닷

물의 염도가 3.5%인 점을 감안하면 여덟 배가 훨씬 넘는 짙은 농도다. 이런 사해에는 다양한 염류와 광물질이 다량 있는 것으로 알려져 있다.

사실 '사해'는 영어 표기 'Dead Sea'를 반영한 표현일 뿐 지역 표현이나 성경 표현에는 없는 이름이다. 성경에는 염해(鹽海, 창 14:3)나 아라바 바다(수 3:16) 그리고 동해(東海, 욜 2:20)로 표기되고, 아랍인들은 '롯의 바다(Bahr Lut)', 탈무드는 '소돔 바다(the Sea of Sodom)'로 부른다.

사해의 물은 피부병에 특수한 치료 효과가 있고, 검은 흙(Mud, 역청)은 신경통에 특효가 있다고 한다. 소돔과 고모라에 유황과 불이 떨어져 불타 버린 심판 이야기(창 19:24, 28)의 배경이기도 한 사해에는 당시의 화산과 지진 흔적이 남아 있다. 이때 만들어진 역청 구덩이가 오늘날의 진흙(Mud)이다. 사해 북쪽 칼리아 해변은 진흙을 온몸에 바르고 수영을 즐기는 진흙 체험을 하기 좋은 곳으로 잘 알려져 있다.

어떤 사람들은 '갈릴리는 생명, 사해는 죽음'이라는 식으로 대비시켜 말하곤 한다. 그러나 사해는 죽은 바다가 아니다. 고여 썩은 물도 아니다. 그곳에서 나오는 미네랄이 풍부한 소금을 비롯한 각종 유기물은 우리 삶에 생명을 안겨 준다. 사해는 자신을 감추는 듯 생색내지 않고 다른 이를 돌보기 위해 자신을 내어 주는 존재와 같다.

우리는 저마다 편견과 고정관념을 갖고 살아간다. 그러나 사실을 따지고 보면 우리가 오해하고 있는 경우도 적지 않다.

사물에 대해서도 부정적으로 단정 짓는 것은 바람직하지 않은데 하물며 사람에 대해 사실 여부도 짚어 보지 않고 쉽게 단정 짓는 것은 참으로 어리석고 위험한 일이다. 사해에 관한 단순한 오해를 곱씹어 보며 무언가를 있는 그대로 바라볼 수 있는 눈과 지혜가 우리에게 있기를 소원해 본다.

소금기 가득한 엔보켁

"소금이 좋은 것이나 소금도 만일 그 맛을 잃으면 무엇으로 짜게 하리요 땅에도, 거름에도 쓸 데 없어 내버리느니라 들을 귀가 있는 자는 들을지어다 하시니라" 눅 14:34~35

사해 남쪽 리조트 밀집 지역인 물이 맑은 엔보켁은 몸이 저절로 둥둥 뜨는 수영, 이른바 부영(浮泳)을 체험하려는 여행자들로 활기가 넘치는 곳이다. 사해 수영은 바닷물이 눈에 들어가지 않도록 주의해야 하고, 특히 물에 잠기는 시간은 15분 이내로 해야 한다. 15분은 삼투압 원리로 몸 안의 나쁜 성분이 빠져나가고 좋은 성분이 몸 안에 들어오는 최적의 시간이다. 수심이 깊지 않아 바다 밑이 훤히 보이는 엔보켁 해변에서 소금을 한 움큼 쥐어 보기도 하고, 혀끝으로 짜다 못해 쓴맛을 느껴 보기도 했다.

예나 지금이나 소금은 우리의 삶과 참 가깝다. 요리할 때 간을 맞추기 위해 소금을 넣고, 생선이나 고기를 저장하기 위해 소금에 절이고, 재수 없을 때 대문 밖에 소금을 뿌리고, 퇴비를 만들 때 소금을 치고,[7] 지렁이나 벌레를 잡을 때도 소금을 뿌린다. 빙판이 생길 때도 연탄재나 소금(염화칼슘)을 뿌리곤 한다.

고대 근동과 이스라엘에서도 소금은 등급별로 다양한 용도로 사용되었다. 가장 좋은 등급(염도가 좋은)의 소금은 요리에 사용했다. 그 맛이 떨어지면(염도 등급이 낮으면) 산성인 밭에 뿌려 토양의 체질을 개선했다. 거름의 질을 높이는 데도 사용했다. 그보다 맛이 더 떨어지면(등급이 더 떨어지면) 땅에 뿌렸다.

예수님이 소금을 "내버리느니라"라고 말씀하신 것은 소금을 쓰레기 버리듯이 버리는 장면이 아니라 소금을 땅에 뿌리는 장면을 가리킨다. 지금도 이스라엘은 물론 요르단, 시리아, 레바논 할 것 없이 겨울 우기철에 눈이 내리고 얼음이 얼어 빙판이 생길 때면 미끄러움을 제거하기 위해 소금기 있는 흙이나 소금을 뿌리곤 한다. 이렇듯 예수님의 소금 이야기는 소금의 다양한 역할과 생애를 입체적으로 그려 주는 말씀이다. 여기서 등급은 가치로서의 등급이기보다 염도 기준의 등급으로 보는 것이 좋다.

① 좋은 소금: 맛이 좋은 소금, 식용
② 맛을 잃으면: 맛이 떨어진 소금, 토질 개선 또는 방부용

---

[7] 분뇨 더미에 소금을 뿌리면 분뇨가 썩는 것을 막아 주고 비료의 효력을 살려 낸다.

눈 덮인 바닷가를 연상시키는 소금기 가득한 사해 엔보켁 해변

③ 쓸 데 없어지면: 맛이 더 떨어진 소금, 거름용
④ 내버린다: 빙판 제거용

소금은 그야말로 마지막까지 자기 몫을 다하는 존재이다. 이런 소금 같은 제자가 된다는 것은 자기 몫을 다하는 삶을 살아가는 것이다. 어느 역할, 어느 몫만 귀한 것이 아니다. 저마다의 자리에서 저마다의 모습으로 소금의 역할을 다하는 것이 예수님이 그려 주신 제자 됨, 제자다움, 제자의 삶이다.

요단강 도하

"요단이 곡식 거두는 시기에는 항상 언덕에 넘치더라 궤를 멘 자들이 요단에 이르며 궤를 멘 제사장들의 발이 물가에 잠기자 곧 위에서부터 흘러내리던 물이 그쳐서 사르단에 가까운 매우 멀리 있는 아담 성읍 변두리에 일어나 한곳에 쌓이고 아라바의 바다 염해로 향하여 흘러가는 물은 온전히 끊어지매 백성이 여리고 앞으로 바로 건널새 여호와의 언약궤를 멘 제사장들은 요단 가운데 마른 땅에 굳게 섰고 그 모든 백성이 요단을 건너기를 마칠 때까지 모든 이스라엘은 그 마른 땅으로 건너갔더라" 수 3:15~17

노을빛 가득 담은 요단 들녘과 요단강 너머 펼쳐진 모압 산지를 바라보며 보이는 모든 곳에 물이 넘치도록 뒤덮인 날을 생각한다. 요단강은 해마다 상습적으로 범람했고, 인근 지역은 침수를 겪어야 했다. 요단강 물길에 국지성 호우로 유입되는 물의 양이 급증할 때면 병목 현상으로 둑이 넘쳤다.

강이 범람하면 강둑 사이에 물이 가득 차오르고, 그 둑조차 넘어서면 범람하는 폭은 더욱 확대되었다. 요단 수풀(저지 평야)을 넘어 요단 들녘(고지 평야)까지 넘치면 개울 같던 강폭이 5~6km까지 넓혀지기도 했다. 겨울 우기철의 국지적인 범람과 침수 현상은 요단강 좌우편 평야 지대의 비옥함을 유지해 주었다.

겨울 우기철이 끝나고 건기가 시작되는 봄철(유월절 전후 시기)에는 더 큰 규모로 더 넓은 구간까지 강물이 범람하고 침수하는 사태가 벌어지곤 했다. 이런 봄철 대규모 범람 시기를 배경으로 여호수아의 요단강 도하(渡河)가 이루어졌다(수 3:15, 곡식 거두는 시기).

범람하던 요단강 물이 멈추었던 사르단 언덕 가까이 아담 성읍 변두리는 요단강에서 강폭이 가장 넓은 곳이며(수 3:16), 깊이는 30~90m에 이르고, 폭은 최대 1.2km이다. 이곳은 요단강과 얍복강이 합류하는 지점으로 상습 침수와 범람의 유래가 있었다. 1935년 전후의 사진 자료에 따르면 요단강이 넘쳐서 모압 평지와 여리고 평지가 다 물에 잠긴 것을 확인할 수 있다.

문득 궁금해진다. 야곱이 하란에서 요단강을 건너 세겜에 정착했을 때, 헷 사람 우리아가 다윗 왕의 친서를 갖고 요단강을 건너 요압 장군에게 가던 때, 다윗이 압살롬의 반란을 피해 요단강을 건널 때, 예수님이 요단강을 건너 이스라엘 각지로 다니시던 때, 요단강은 어떤 모습이었을까? 그날 그들은 어떻게 요단강을 건넜을까?

여호수아의 요단강 도하는 온 천지가 물로 가득한 듯 범람하는 시기에 이루어졌다. 요단 강물이 끊어진 아담 성읍은 여리고에서 직선거리로 약 40km, 강둑을 따라가면 약 60km 떨어진 곳이다. 백성들은 앞서가는 제사장들을 따라 일렬종대(一列縱隊)로 요단강을 건넌 것이 아니라 길게 횡(橫)으로 늘어서서 이쪽에서 저쪽까지 백성 전체가 한 번에 건넜다. 한 사람 한 사람, 그들 모두 각자 자기 믿음으로 제사장을 따라 자기 앞의 요단강을 건넌 것이다.

분명 하나님은 여호수아에게 뜻밖의 명령을 내리셨다(수 3:7~8). 그것은 전쟁에 익숙한 여호수아의 생각과는 상당한 거리가 있는 전술이었다. 그런데도 여호수아는 지난 40년간의 모든 자기 경험을 내려놓고 라합의 증언처럼 하나님이 온 땅을 주셨음을 믿고(수 2:9~11), 온전한 맡김으로 말씀에 순종했다.

언약궤를 맨 제사장들은 황당한 명령임에도 여호수아의 리더십을 따랐다. 여호수아로부터 하나님의 명령을 들었을 때 그들은 쉽게 수용할 수 없었을 것이다(수 3:9~13). 40년을 걸어온 길, 불과 3개월만 더 기다리면 물이 줄어들고 강폭이 10m 이하로 줄어들어 손쉽게 건널 수 있기 때문이다.

아마도 제사장들 간에 치열한 찬반 논쟁이 있었을 것이다. 그들은 논쟁히고 각자의 의견으로 치열한 토론은 할지라도 결

노을빛 담은 요단 들녘과 요단강 너머 모압 산지,
보이는 모든 곳이 넘치는 물로 가득했을 그날 새로운 세대의 새로운 시대가 열렸다.

정된 이후 충성스럽게 따라갔다. 신실하게 협력하는 제사장들이 곁에 있었기에 여호수아는 모세의 그림자를 완전히 지우고 출애굽 41년 정월 12일에 새로운 역사를 시작할 수 있었다.

백성들은 언약궤를 멘 제사장들과 2천 규빗, 곧 1km 정도의 거리를 두고 걸어야 했다(수 3:4, 14). 그 길은 평지에서 비탈 그리고 평지, 다시 평지에서 비탈로 이어지는 구조였기에 일정한 거리를 지나면 백성들의 눈에 제사장들은 보이지 않았을 것이다. 그런데도 백성들은 제사장들이 갔던 그 길을 따라 요단강을 건넜다. 보이지 않아도 약속의 말씀을 믿고 앞서간 제사장들의 걸음을 따라갈 수 있었던 것이다.

그날 지도자 여호수아는 과거의 자기 경험에 매이지 않는 믿음으로 하나님의 말씀을 따라 순종했다. 제사장들은 질문하고 논쟁하지만, 리더십의 결정을 기꺼이 받아들이고 협력했다. 그리고 백성들은 멀리서 흐릿하지만, 그 길을 신뢰하고 따라갔다. 이렇게 출애굽 2세대는 완벽한 세대교체를 이루며 새로운 시대를 열었다.

텔 여리고 둔덕에서

"이스라엘 자손들로 말미암아 여리고는 굳게 닫혔고 출입하는 자가 없더라" 수 6:1

이른 아침 뜨거운 햇살을 받으며 '달(月)의 성읍', '종려나무의 성읍', '향기의 성읍'이라 불리는 구약 시대 여리고의 흔적이 있는 텔 여리고(Tell es-Sultan)를 찾았다. 인류가 구축한 가장 오래되고 가장 낮은 곳에 자리한 도시다. 텔 여리고는 인근에 '술탄의 샘'이라는 마르지 않는 샘이 있는 타원형의 둔덕으로 BC 8~9천 년의 영구 정착지 곧 도시 유적이 발견된 곳이기도 하다. 도시란 혈연을 넘어선 공동체가 한 세대 이상 지속적으로 거주한 인위적인 구조를 말한다.

텔 여리고는 2023년 9월 17일 유네스코 세계유산에 등재되었다. 이곳 현장에서 발견된 해골과 조각상은 그곳에 살았던 신석기 시대 사람들의 제사 행위를 증언하고, 초기 청동기 시대 고고학 자료는 도시 계획의 흔적을 보여 준다. 중기 청동기 시대의 흔적은 사회적으로 복잡한 인구가 거주했던 대규모 가나안 도시 국가의 존재를 드러내고 있다.

텔 여리고 성벽은 BC 8천 년경에 구축되었는데, 지구상에서 가장 오래된 '도시 요새'로 다듬지 않는 커다란 돌들을 쌓아 올린 것이다. 고고학자들은 이 시기를 농업이 시작되긴 했으나 토기가 제작되지 않았던 선토기신석기 시대(Pre-pottery Neolithic)라고 부른다.

텔 여리고 주변 600m를 둘러싸고 있는 성벽은 두께가 1.5~2m, 높이가 3.7~5.2m였다. 이 성벽의 주요 용도는 방어보다 홍수 방지가 먼저였다. 이곳이 지구상에서 가장 낮은 지대에 속해서 우기철에 범람한 요단강 물과 유대 산지에서 흘러내린 물이 자연스럽게 몰리며 항상 홍수의 위험이 있었기 때문이다. 물론 이런 성벽은 외부인들의 침투를 막기 위한 방어벽 역할도 충분히 했을 것이다.

텔 여리고 둔덕에 서서 이스라엘 백성이 요단강을 건너던 때를 떠올린다. 봄철(곡식 거두는 시기, 수 3:15)의 요단 들녘은 넘치는 물로 가득했을 것이다. 그 가득한 물을 가르고 요단강을 건너온 여호수아의 군대는 제사장의 나팔 소리와 함께 말없이 여리고 성벽을 한 바퀴씩 돌고 또 돌았다.

길이 60km로 넓게 퍼져 범람한 요단강을 건너는 여호수아의 군대를 보면서 여리고 사람들은 얼마나 놀랐을까? 라합의 말처럼 간담이 녹아내린 그들은 넘치는 요단강을 건너와서 아무것도 하지 않고 '가까이 왔다 멀어졌다'를 반복하며 여리고를 돌고 있는 이스라엘 백성을 바라보며 어떤 생각을 했을까? 두려움에 마음에서부터 또 한 번 무너져 내리고 있지 않았을까? 이전에 경험하지 못했던 깊은 공포에 떨지 않았을까?

> "사람이 마음으로 자기의 길을 계획할지라도 그의 걸음을 인도하시는 이는 여호와시니라" 잠 16:9

이 말씀처럼 우리의 걸음을 인도하시는 분은 하나님이시다. 우리는 인간의 전략과 방법이 아닌 하나님의 지혜와 이끄심을 따라 걸어야 한다. 부르심의 사명을 다하는 진정한 여호수아의 군대처럼 다시 일어나 약속을 따라 걸어야 한다.

텔 여리고의 청동기 시대 성벽. 넘치는 물을 가르며 다가온 이스라엘 백성이 성을 도는 모습을 보며 여리고 사람들의 심장은 이미 멈췄으리라.

대추야자는 꿀?

"종려나무 가지를 가지고 맞으러 나가 외치되 호산나 찬송하리로다 주의 이름으로 오시는 이 곧 이스라엘의 왕이시여 하더라" 요 12:13

텔 여리고 유적 한쪽에는 대추야자나무들이 높게 뻗어 있다. 뜨거운 햇살 아래 열매가 익어 가는 대추야자나무가 성경의 '종려나무'이다. 대추야자나무는 가지가 힘에 겨울 정도로 열매들을 달고 있었는데, 보통 한 그루에 5~8송이가 달리고 한 송이는 15~20kg이 된다고 한다.

임종을 앞둔 모세는 느보산 비스가 꼭대기에 올라 요단강 건너 약속의 땅 가나안을 바라보았다. 산꼭대기에 서서 모세가 보았던 가나안 땅이 바로 오늘날 대추야자로 유명한 종려나무의 성읍 여리고 평지였다(신 34:3).

대추야자는 '젖과 꿀이 흐르는 땅'의 '꿀'이었고, 성경에서 꿀을 언급할 때는 특별한 경우가 아니면 대추야자나 대추야자 시럽(조청)을 의미한다. 세례 요한이 광야에서 메뚜기와 함께 먹었던 '석청'도 광야 바위틈에 석벌이 모아 놓은 질 좋은 꿀이 아니라 '들판에 있는 꿀' 곧 광야 들판에서 어렵지 않게 볼 수 있는 대추야자 시럽이다.

가나안 땅 농경 문화의 상징적인 존재인 대추야자를 이름으로 가진 여성이 '다말'이다. 유다의 며느리가 다말이고(창 38장), 다윗의 딸이 다말이고(삼하 13장), 압살롬의 딸도 다말인데(삼하 14:27), 그 이름과는 달리 고통을 겪은 여인들이다.

고대 이집트나 이스라엘은 물론 로마 제국에서도 대추야자나무는 승리와 풍요의 그림 언어였다. 대추야자나무 가지는 승리의 여신 니케(Nike)의 상징이었고, 풍성한 대추야자나무가 가득한 샘물은 낙원의 상징이기도 했다. 그런 이유 때문인지 신전 기둥 양식의 하나가 대추야자나무 잎사귀 문양이다. 겟세마네의 '만국 교회' 기둥에 조각된 문양도 대추야자나무이다.

대추야자나무는 예수님의 마지막 예루살렘 입성 현장에도 있었다. 왕의 등극을 상징하듯 제자들과 큰 무리는 어린 나귀에 올라타신 예수님을 위하여 대추야자나무 가지를 흔들었다. 그 길에 옷을 깔고 대추야자나무 잎사귀를 깔면서 혁명적인 외침을 외쳐 댔다.

"호산나! 호산나! 타도 로마, 해방 이스라엘!"

그날 예수님은 마치 로마 황제나 개선장군이 승리의 행진을 하듯이 예루살렘에 입성하셨다. 전에 없던 광경이었다. 보통 황제가 전쟁에서 승리하여 정복한 성에 입성할 때 올리브나무 잎사귀로 만든 화관을 썼고, 황제를 환영하는 이들이 대추야자나무 가지를 흔들었기 때문이었다.

황제의 도시 예루살렘에 예수님이 새로운 이스라엘 나라의 왕으로 즉위했음을 노골적으로 드러낸 백성들이 있었다. 예루살렘을 찾은 백성이 연출한 이런 풍자 가득한 행동은 당시 친

텔 여리고의 대추야자나무와 열매.
세례 요한이 광야에서 먹었던 석청이 바로 들판에 있는 꿀인 대추야자 시럽이다.

로마적인 권력자들의 눈에는 황제의 신성과 권위에 대한 불경한 도전으로 보일 수밖에 없었다.

예수님을 왕으로 삼고자 하는 제자들과 백성들, 자신들의 기득권을 지키고자 예수님을 공공의 적으로 규정하고 황제에게 도전하는 반역자로 몰아가려는 자들, 그들 사이에 서신 예수님을 다시 생각한다. 저마다 자신들의 이익을 위해 예수님을 들러리로 이용하려는 이들 속에서 예수님이 느끼셨을 깊은 외로움과 분노를 가늠해 본다.

돌무화과나무의 삭개오

"앞으로 달려가서 보기 위하여 돌무화과나무에 올라가니 이는 예수께서 그리로 지나가시게 됨이러라" 눅 19:4

여리고 시내 러시아 정교회 앞마당(갈릴리 게네사렛 선착장 앞에서도)에서 돌무화과나무에 올라 삭개오 흉내를 내 보았다. 높이 10m가 넘는 돌무화과나무는 우리나라 시골 마을 어귀나 중앙에 있던 정자나무를 떠올리게 하는 듬직한 나무이다. 열매 모양이 무화과를 떠올리게 하지만 짝퉁 무화과가 열리는 돌무화과나무는 선지자 아모스가 재배했다는 뽕나무와도 같은 나무이다(암 7:14).

'돌무화과나무 들보의 도시'로도 불리는 여리고에는 돌무화과나무가 많았다. 이 나무는 좋은 목재와 열매를 제공했다. 고대 이스라엘 지역에 이 나무를 전해 준 것은 이집트 사람들이었을 것이다. 이집트는 정복한 지역 곳곳에서 하토르(Hathor) 여신이나 이시스(Isis) 여신 숭배와 연결되는 거룩한 곳에 돌무화과나무를 심어 놓았기 때문이다.

고대 이집트에서 돌무화과나무는 신성한 존재로 여겨졌다. 여신 하토르나 이시스의 임재를 상징하는 나무였다. 그래서 이 나무는 하토르나 이시스 여신의 임재를 뜻하는 그림 언어로 쓰였고, 이집트 자체를 뜻하는 것으로 확장되기도 했다.

이집트 신화와 전승에 따르면 돌무화과나무는 생명의 나무였고, 지혜의 나무였다. 이를 통해 하토르 여신이나 이시스 여신이 강림하여 바로나 거룩한 왕족과 귀족에게 '생명'의 물을 부어 주거나 채워 주곤 한다고 여겼다. 이집트는 '돌무화과나무가 꽃피는 땅'으로 불렸고, 돌무화과는 '바로의 무화과'로 불렸다.

하루는 유대의 세리장 삭개오가 돌무화과나무에 올랐다. 여리고의 로마식 고급 빌라에 머물렀을 그는 대제사장의 추천을 받아 로마 황제에게 임명된, 이 지역에서 막강한 권력과 부와 사회적 지위를 가진 사람이었다. 그런 그가 예수님을 주목하여 보고자 여리고를 지나 예루살렘 방향으로 올라가시는 예수님의 진행 방향으로 앞서 달려가 그곳에 있던 돌무화과나무에 오른 것이다.

분명 여리고 성 밖 어느 길목에 듬직하게 서 있었을 돌무화과나무 위에는 삭개오 한 사람만 올라가 있는 것이 아니었을

갈릴리 게네사렛 선착장의 돌무화과나무(ⓒ김동문).
짝퉁 무화과가 열리는 돌무화과나무 위에 올리 여리고 세리장 삭개오를 흉내 낸다.

것이다. 예나 지금이나 사람들은 유명인을 보기 위해 몰려들곤 했다. 당시에도 나무 위에는 마을로 들어오는 슈퍼스타를 보려는 듯 예수님을 보려는 사람들이 많았을 것이다. 그들 중에 삭개오는 더욱 화려하고 눈에 띄는 모습의 로마 제국 귀족 같은 옷을 입은 사람이었을 것이다. 그런 그를 발견한 예수님은 즉각 불러 세우셨다.

"삭개오야, 어서 내려오너라. 오늘은 내가 네 집에서 묵어야 하겠다." 눅 19:5, 새번역

예수님이 삭개오를 따라 그의 집을 방문하신 것은 엄청난 이슈가 될 만한 일이었다. 예수님이 친로마 세력의 상징적 존재였던 세리장의 집에서 함께 식사하신다는 것은 많은 사람들, 특히 반로마적인 사람들이 크게 분개할 사건이었다. 그만큼 삭개오는 모든 것을 걸고 예수님을 맞이해야 했다.

예수님을 만난 삭개오는 재산의 상당 부분을 가난한 사람들에게 환원하겠다는 급진적 조치를 공개적으로 천명했다. 당당하게 예수님 편이 되겠다고 선언한 것이다. 이것은 자신이 지금까지 쌓아 온 모든 기득권을 포기하는 혁명적인 결단이었다.

삭개오와 예수님의 만남은 그저 그런 동화 속 이야기가 아니다. 예수님을 따른다는 것은 동화적 낭만이 아닌 급진적 삶의 변화이다. 우리는 굳은 결단으로 예루살렘의 십자가를 향하시는 예수님을 실천적으로 따라야 한다.

헤롯 궁전

"곧 그때에 어떤 바리새인들이 나아와서 이르되 나가서 여기를 떠나소서 헤롯이 당신을 죽이고자 하나이다 이르시되 너희는 가서 저 여우에게 이르되 오늘과 내일은 내가 귀신을 쫓아내며 병을 고치다가 제삼일에는 완전하여지리라 하라" 눅 13:31~32

헤롯 대왕은 고대 도시 텔 여리고에서 남쪽으로 2km 정도 떨어진 하스모니안 왕조의 왕궁이 있던 옛길 인근에 새로운 여리고를 건설했다. 계곡 길 양쪽으로 세워진 헤롯의 궁전은 겨울철 계곡에서 흐르는 물길을 즐길 수 있는 독특한 구조를 가지고 있었다.

일찍이 '헤롯 왕가'의 문을 연 안티파테르(Antipater)는 이두매 사람이었다. 앞서 설명한 것처럼 이두매는 에돔과 관련이 있다. 그는 유대인의 지지를 얻고자 유대교로 개종했지만, 이두매 출신 곧 '이방인'이라는 꼬리표를 뗄 수는 없었다. 유대 지방을 다스리는 총독이었던 그가 죽은 뒤에 둘째 아들이 로마 황제 아구스도에 의해 유대의 왕으로 임명되는데 그가 바로 헤롯 대왕이다.

헤롯 대왕은 BC 37년 하스모니안 왕조의 안티고노스를 물리치고 예루살렘을 정복하여 실질적인 유대의 왕이 되었다. 나

신약 시대 여리고의 헤롯 궁전터, 멀리 보이는 유대 광야 끝자락 뒤쪽 어느 만치가 여호수아와 이스라엘 백성이 진 친 길갈 진영이다.

아가 그는 하스모니안의 왕녀이자, 히르카누스의 손녀뻘 되는 마리암네와의 결혼을 통해 하스모니안 왕조의 왕통을 잇는 후계자 명분까지 쟁취하고자 했다.

그는 통치 기간(BC 37~4년) 내내 순수 유대인 혈통이 아니라는 정체성의 한계로 인한 내부적인 저항과 로마 황실의 불안정이라는 외부적인 어려움 속에서 갖가지 위기를 직면해야 했다. 이 과정에서 그는 요단강 동편 마케루스, 요단강 서편 여리고, 예루살렘, 유대 광야 마사다, 베들레헴 가까운 헤로디움에 화려하게 궁전을 지었다. 신변 안전에 대한 두려움 때문에 그는 이렇게 여러 궁전을 옮겨 다닌 것으로 알려져 있다.

궁전 외에도 각종 건축 사업에 진력했던 헤롯은 요새지 건설, 저수지와 수로 확충, 경기장과 극장 건설 그리고 사마리아와 여리고 등의 도시 건설에 힘을 쏟았다. 특히 그는 지중해 연안의 조그만 항구 도시를 크게 증축해 로마 황제 아구스도에게 경의를 표하면서 그 이름을 '가이사랴'로 명명했다. 또 유대인들의 환심을 사기 위해 예루살렘 성전을 증축하는 대공사(BC 20년경 시작하여 그의 사후인 AD 64년경에 완공)를 펼치기도 했다.

BC 4년 70세를 일기로 헤롯 대왕이 죽자 그의 세 아들(아켈라오, 헤롯 안디바, 빌립)이 왕국을 분할 통치했다. 그중 헤롯 안디바는 성경에서 '분봉왕 헤롯', '헤롯 왕'으로 언급되는 인물이다(마 14:1, 막 6:14, 눅 3:19).

헤롯 안디바는 첫 번째 아내와 이혼한 후 이복형제 빌립의 아내이자 조카인 헤로디아와 결혼했고, 이를 비판하는 세례 요한을 살해했다(마 14:1~12). 예수님의 재판 과정 중에 총독 빌라도로부터 넘겨진 예수님을 심문하고 희롱한 후 다시 빌라도에게 넘겨주기도 했다(눅 23:7~11). 또한 로마 황제 티베리우스(Tiberius)에 대한 존경의 표시로 갈릴리 해안에 로마식 도시 '디베랴'를 건설했다.

헤롯이 자신을 죽이고자 한다는 소식을 전해 들은 예수님은 그를 겁쟁이 여우로 부르셨다. 자신의 정권을 유지하기 위해 두려움 가운데 눈치나 보는 헤롯의 정체성을 여우에 빗대신 것이다. 그래서 화려한 헤롯 궁전을 여우 굴로 부르셨다(눅 9:58, 13:32). 그 순간 헤롯을 따르는 이들은 '여우 새끼'가 되어 버린 것이다.

오늘 이 땅에도 여우와 여우 새끼들이 가득함을 본다. 소신도 신념도 없이 이 시대의 제국, 권력에 휩쓸리며 눈치나 살피는 겁쟁이 여우와 그 여우 굴에서 벌어지는 탐욕스럽고 잔혹한 잔칫상 귀퉁이에서 한자리 얻고자 애걸하는 여우 새끼들이 가득하지 않은가!

"주여, 이 땅의 여우들을 부러워하지도 말고, 두려워하지도 않게 하소서. 예수님처럼 믿음의 길을 올곧게 가게 하소서!"

요단강 세례터

"이 일은 요한이 세례 베풀던 곳 요단강 건너편 베다니에서 일

어난 일이니라" 요 1:28

예수님이 세례받으신 곳으로 알려진 '까스르 엘 예후드(Qasr el Yehud)'를 찾았다. 요단강 저지 평야 너머로 여리고 평지가 펼쳐지는, 요단강 범람의 흔적을 확인 할 수 있는 곳이다. 강둑을 따라 요르단과 이스라엘이 국경을 마주하는 그곳에 부드럽고 미세한 진흙 입자가 가득한 진한 황톳빛 요단강이 흐른다.

성경은 예수님의 세례 사건이 요단강 건너편 베다니에서 일어난 일이라고 말한다. 여기서 '요단강 건너편'은 특정 지역을 뜻하는데, 마치 한국에서 강남, 강북이 강 남쪽 북쪽이 아니라 한강 남쪽 북쪽의 특정 지역을 일컫는 것과 같다. 요단강 건너편은 대개 그릿 시냇가에서 아르논강 사이의 베레아 지역을 뜻한다. 또한 '요단강 건너편 베다니'는 사해 가까운 쪽, 니므림 물(사 15:6)과 요단강이 만나는 주변 지역을 뜻한다.

여러 정황상 예수님의 세례터는 유대인들이 세례 요한을 기념하기 위해 세운 요새 지역인 이스라엘의 까스르 엘 예후드가 아니라 요단강 저지대에 자리한 숲과 광야가 어우러진 현재 요르단의 '알 마그타스(Al-Maghtas)' 지역일 가능성이 높다. 알 마그타스는 예수님의 세례와 관련된 유적으로 2015년 유네스코 세계유산에 등재된 곳이다.

여리고 맞은편 베다니는 여호수아와 백성들이 가나안 땅에 들어설 때 건넜던 지점이며, 엘리야가 회오리바람을 타고 하늘로 올라간 곳이기도 하다(왕하 2:11). 그곳에 엘리야의 심령과 능력을 가진 사람(눅 1:17)인 세례 요한과 그의 공동체가 자리한 것은 우연이 아니었다. 여호수아와 엘리야 그리고 세례 요한에 이어 예수님도 이곳에서 세례를 받으시고 율법과 선지자의 완성자로 공생애를 시작하셨다(마 5:17, 요 1:28~34). 나아가 예수님은 유대에서의 박해를 피하여 이곳으로 몸을 숨기기도 하셨다(요 10:40).

예수님은 왜 요단강 건너편 베다니에서 세례를 받으셨을까? 갈릴리 호수 가까운 요단강 상류(살렘 가까운 애논, 요 3:23)에서도 세례 요한이 세례를 베풀었는데 왜 사해 가까운 이곳에서 세례를 받으신 것일까? 요단강 건너편 베다니는 로마 제국이 지배하던 시절 공동체 안에서 경계인 취급을 받았던 이들, 주류로부터 내몰렸던 연약한 이들, 가난한 이들이 몰려 살던 곳이었다. 이곳은 지상에서 가장 낮은 곳에 자리한 요단강 변두리 마을이었다.

지리적으로 지상에서 가장 낮은 자리는 사해이고, 사해로 흘러가는 요단강은 지상에서 가장 낮은 강이자 가장 낮은 지점을 향한다. 사해와 가까운 쪽 요단강의 수심은 그야말로 '바닥'이다. 그 바닥에서 요단강 물에 몸을 낮추는 것은 인간으로 오신 예수님이 종의 형체를 가지고 자기를 낮추어 죽기까지 복종하시는 삶을 시각적으로 보여 주는 최적의 장소이다. 이렇듯 예수님은 가장 낮은 곳에서 가장 낮은 자들과 어울리는 섬김의 자리를 찾아오셨다.

이스라엘이 예수님의 세례터라고 주장하는 까스르 엘 예후드 건너편
요르단 정교회 소속의 세례 요한 기념 교회,
황톳빛 요단강을 사이로 이스라엘과 요르단은 국경을 맞대고 있다.

8 경계를 넘어서는 땅, 이스르엘 골짜기

예수께서 예루살렘으로 가실 때에
사마리아와 갈릴리 사이로
지나가시다가
눅 17:11

Jezreel Valley

지중해 가까운 갈멜산에서 바라본 이스르엘 골짜기.
성경에서는 산과 산 사이의 깊은 협곡뿐만 아니라 드넓은 공간 또한 골짜기라 일컫는다.

여리고에서 굽이굽이 흘러가는 요단강을 따라 갈릴리로 향했다. 그 노정에 반드시 지나야 하는 곳이 이스르엘 골짜기이다. 현대인은 두 골(谷) 사이에 깊숙이 패어 들어간 곳을 골짜기로 이해하고 있으나, 성경의 골짜기는 산과 산 사이에 있는 협곡이나 저지대 공간 전체를 지칭한다.

가나안 땅의 대표적인 골짜기가 이스르엘 골짜기이다. 이 골짜기는 남북으로 길게 뻗은 가나안 땅 중앙을 잇는 중앙 산지가 갑자기 끊어지는 부분에 위치해 있다. 사마리아 산지와 갈릴리 산지 사이, 동쪽 요단강에서 서쪽 지중해까지 동서로 길고 넓게 이어지는 이스르엘 골짜기는 사마리아와 갈릴리를 나누는 자연적 경계선이기도 하다.

중앙 산지에서 유일하게 열린 공간인 이스르엘 골짜기는 고대로부터 중요한 교통로이자 군사 도로였다. 이곳은 이집트에서 지중해 연안을 따라 이어지는 '해안 도로(Via Maris, 블레셋 사람의 길, 출 13:17)[8]'와 중앙 산지를 지나는 '족장로' 그리고 산지를 통과하지 않는 요단 동편 '왕의 대로'를 지중해에서부터 이어주는 국제 도로의 교차점이다.

가나안 땅 동서남북 모든 도로가 연결되는 이곳은 예로부터 그 중요성으로 인해 여러 도시가 세워졌다. 그중 대표적인 곳

---

[8] 해안 도로: 지중해 연안을 따라 남북으로 길게 이어지며 메소포타미아와 이집트를 잇는 길이다. 메소포타미아에서 시작해서 시리아의 다메섹을 지나 단, 하솔, 가버나움, 막달라 평지, 아르벨 계곡, 이스르엘 골짜기, 므깃도, 아벡, 가사, 시나이 반도, 이집트의 고센 지역 그리고 멤피스까지 이어지는 고대 주요 교역로이다.

이 고대 이집트와 메소포타미아를 연결하는 문명의 교차로 므깃도와 요단강 인근의 아름다운 도시 벧산이다. 특히 므깃도는 수많은 전투가 벌어진 격전지였다.

'하나님이 씨를 뿌리신다'라는 뜻의 이스르엘 골짜기는 비옥한 평야 지대이기도 해서 이스르엘 '평야'라고 불리는 것이 더 어울리는 지역이다. 이곳에서 발원하여 동쪽으로 흐르는 하롯강과 서쪽으로 흐르는 기손강은 이 지역 전체를 비옥하게 한다. 아합 왕이 탐내던 나봇의 포도원도 바로 이스르엘 골짜기에 있었다(왕상 21:1).

하루는 예수님과 제자들이 예루살렘으로 가기 위해 사마리아와 갈릴리 사이, 곧 이스르엘 골짜기를 지나고 있었다. 골짜기의 한 마을에서 열 명의 나병 환자를 만났는데, 그들은 예수님의 말씀을 따라 몸을 보이기 위해 제사장에게로 가다가 깨끗함을 받았다. 그중에 사마리아 사람만 하나님께 영광을 돌리며 예수님께 돌아와 그 발아래 엎드려 감사했다(눅 17:11~16). 함께 깨끗함을 받은 다른 아홉은 어디로 갔을까? 가족들이 살고 있는 갈릴리로 갔을까? 아마 예수님의 말씀대로 제사장에게 몸을 보이기 위해 예루살렘으로 가지 않았을까?

그들은 병들었을 때 함께였다. 유대인과 사마리아인이라는 혈연적인 다름이나 갈릴리와 사마리아라는 지역적인 다름이 같은 병을 앓고 같은 고통을 겪는다는 같음을 가리지 못했다. 아픔은 그렇게 서로의 아픔을 공감하며 하나 되게 했으나 아픔이 사라지는 순간 다름은 다시 일어나 서로를 구분하고 갈라서게 했다.

> "예수께서 대답하여 이르시되 열 사람이 다 깨끗함을 받지 아니하였느냐 그 아홉은 어디 있느냐" 눅 17:17

이 예수님의 말씀은 은혜를 받고도 감사하지 않는 이들을 향한 책망을 넘어 안타까운 탄식이었다. 아프고 힘들 때 서로 함께하며 공감했던 것처럼 지금도 그럴 수 없느냐는 탄식. 병이 나았을 때도 병들었던 때처럼 함께 기쁨을 나누고 함께 감사하며 함께 하나님께 영광을 돌릴 수는 없었을까? 혈연적인 다름과 지역적인 다름이 그토록 깊은 골로 남아 있어야만 하는 것일까?

하롯 샘에서의 부르심

> "여룹바알이라 하는 기드온과 그를 따르는 모든 백성이 일찍이 일어나 하롯 샘 곁에 진을 쳤고 미디안의 진영은 그들의 북쪽이요 모레산 앞 골짜기에 있었더라" 삿 7:1

이스르엘 골짜기 동남쪽에 자리 잡은 길보아산 아래에는 많은 샘이 있었는데 그중 하나가 기드온과 그의 용사들이 모여들었던 하롯 샘이다. 각종 수목과 함께 잘 조성된 하롯 샘은 서유

럽의 어느 공원으로 순간 이동시켜 놓은 느낌이었다. 하롯 샘에서 흘러나온 맑은 물을 손으로 움켜 혀로 핥아 보기도 하고, 발을 담그며 더위를 식히기도 했다.

놀라운 승리의 현장인 이곳에 모인 기드온과 그를 따르는 백성은 3만 2천 명이었다. 얼마 떨어지지 않은 북쪽 모레산 앞 골짜기에 진을 친 미디안과 가나안 군사는 13만 5천 명이었다. 다섯 배에 가까운 적군을 앞에 두고 기드온은 한없이 두려웠을 것이다.

그런데 하나님은 사람이 너무 많으니 두려워 떠는 자는 돌려보내라고 말씀하셨다. 2만 2천 명이 돌아가고 1만 명이 남았는데, 하나님은 아직도 사람이 많다며 시험하셨다. 샘의 물가에서 물을 마시게 하고는 물을 손으로 움켜 핥은 사람 3백 명만 따로 세워 남기고, 나머지는 집으로 돌려보내셨다(삿 7:2~8).

한 사람이 아쉬운 때에 하나님은 왜 그렇게 하셨을까? 왜 이해할 수 없는 상황을 스스로 만드신 것일까? 하나님은 왜 승리의 가능성을 제로로 만드신 것일까? 무릎을 꿇고 물을 마시려면 손에 든 무기를 내려 두고 마셔야 한다. 하지만 손으로 움켜 입에 대고 핥아 마시면 다른 한 손에 무기를 쥐고 나머지 한 손으로 움켜 물을 핥아 마실 수 있다. 어떤 이들은 이 두 가지 모습을 견주어 하나님이 누가 긴장을 놓지 않고 전쟁에 준비된 사람인가를 보셨을 것이라고 해석하기도 한다.

그러나 하나님이 혀로 핥은 사람 3백 명을 택하신 이유는 그리 심오하거나 복잡하지 않아 보인다. 그저 하나님 보시기에

3백 명이면 충분했기 때문이다. 하나님은 전쟁에서 이긴 후에 '내 손이 나를 구원했다'라는 말을 할 수 없는 숫자까지 그 백성을 줄이려 하신 것이 아닐까? 여호와만이 참 하나님이심을 확실한 증거로 보이기 위함이었다.

기드온과 3백 명의 용사가 들었던 무기는 양각 나팔과 항아리 그리고 횃불이 전부였다. 미디안 연합군은 반나절 거리 구릉 지대에 진을 치고 있었다. 기드온의 용사들은 이경 초(밤 11시경) 기습적으로 적진 근처에 이르러 세 대로 나눠 에워쌌다. 그때 사방에서 항아리 부서지는 소리, 나팔 소리와 함께 횃불을 들고 "여호와와 기드온의 칼이다"라고 외쳤다(삿 7:20).

갑자기 불이 켜지자 미디안 군대는 눈이 부셔 앞을 제대로 볼 수 없었다. 연합군으로 구성되었기에 소통도 어려웠을 그들은 요란한 소리에 놀라 혼비백산했다. 그렇게 적군은 요동하며 동료끼리 칼로 치고, 도망치기 바빴다. 그 시각 전투에 투입되었던 3백 명의 용사 외에 자기 마을로 돌아갔던 모두는 전투 준비를 갖춘 상태였을 것이다. 도망치는 적군의 퇴로를 차단하고 추격하는 일은 흩어졌던 모두의 몫이었다(삿 7:22~25).

하나님은 기드온과 3백 명의 용사를 선발대로 보내 적의 본진을 위협하게 하셨다. 동시에 흩어졌던 모두에게 적의 퇴로를 책임지게 하셨다. 하나님은 선발된 사람과 선발에 빠진 사람 모두를 각기 다른 역할로 사용하여 위대한 승리를 이루게 하셨다. 선발에 빠진 사람은 실패자가 아닌 부르심의 역할이 다른 사람일 뿐이었던 것이다.

길보아산 아래 하롯 샘.
이 샘물은 32km 정도를 흘러 요단강에 다다른다.

열 개의 도시 연맹 데가볼리 지경

"예수께서 다시 두로 지방에서 나와 시돈을 지나고 데가볼리 지방을 통과하여 갈릴리 호수에 이르시매" 막 7:31

이스르엘 골짜기 하롯 샘에서 갈릴리로 향하는 길에 데가볼리 지경 가운데 가장 큰 도시인 벧산(스키토폴리스)이 있다. 언젠가 예수님도 지중해 연안 두로 지방에서 나와 시돈을 들렀다가, 이스르엘 골짜기를 따라 데가볼리 지방 벧산을 통과하여 갈릴리 호수에 이르셨다.

로마가 가나안 땅을 점령한 BC 63년 이후 이 지역에 몇몇 도시들이 새로이 세워지면서 열 개의 도시가 하나의 연맹체를 구성하게 되는데 이것을 데가볼리 지경이라 했다. 데가볼리는 갈릴리 호수 남동쪽 지역을 중심으로 이루어져 있다. 『라이프 성경사전』에 따르면 1세기 로마의 저술가 플리니(Pliny)는 그 열 개 도시를 다음과 같이 소개했다.

스키토폴리스(벧산, Scythopolis), 힙포스(Hippos), 가다라(Gadara), 벨라(Pella), 빌라델비아(암만, Philadelphia), 거라사(Gerasa), 디온(Dion), 카나타(Canata), 다메섹(Damascus), 라파나(Raphana).

데가볼리 지경은 상호 경제적인 이익 확보와 인근 다른 민족들에 대한 공동 방어를 목적으로 하는 도시 연맹체였다. 이 도시들은 시리아의 로마 총독에게 통치를 받았지만, 그 영향력이 크지는 않았다. 또한 연맹에 소속되었더라도 각각의 도시는 자치적으로 운영되었고, 여러 개의 작은 마을이나 도시를 포괄하고 있었다.

이런 데가볼리 지경은 2세기까지 존재하면서 풍부한 헬레니즘 문명을 만들어 냈다. 아마도 누가복음 15장에 나오는 비유 속 둘째 아들, 재물을 다 모아 가지고 떠나 먼 나라에서 허랑방탕하며 재산을 탕진했던 그 아들이 돼지 먹이 쥐엄 열매로 배를 채우고자 했던 곳도 데가볼리 지경의 어느 도시일 것이다(눅 15:13~16).

예수님은 종종 전형적인 로마식 도시, 이방 세속 도시를 찾아 복음을 전하셨다. 데가볼리의 첫 수도 가다라(그다음은 다메섹)도 그중 하나였다. 그곳에서 예수님은 귀신 들린 두 사람을 만나셨다. 그곳은 유대인들이 정결과 거룩을 위해 멀리하던 무덤 지역이었고, 그 인근에는 돼지를 사육하는 들판이 있었다. 신들을 위한 제의 용품으로 쓰이던 돼지는 로마식 도시 주변 신전 지역에서 주로 사육되었을 것이다(마 8:28~34).

돼지, 무덤, 부정한 자, 이 모두는 유대인이 기피하는 대상이었으나 예수님은 그 모든 부정의 이유를 넘어 가까이해서는 안 되는 존재와 접촉하셨다. 또 가까이해서는 안 되는 돼지, 돼지 치는 곳에 다가가셨다. 노대체 무엇이 예수님으로 하여금 그 모든 부정의 한계를 넘어서게 했던 것일까? 바로 한 영혼을

데가볼리 도시 가운데 하나인 요르단 암만(빌라델비아) 성채. 6세기에 세워진 비잔틴 교회 유적 뒤로 2세기경 건축된 9m 높이의 헤라클레스 신전이 자리하고 있다.

향한 사랑이었다. 예수님은 세상의 인습과 관습의 한계를 넘어 부정한 그곳에서도 한 영혼을 온전하게 하신다.

벧산에서 사울 생각

"다윗이 가서 사울의 뼈와 그의 아들 요나단의 뼈를 길르앗 야베스 사람에게서 가져가니 이는 전에 블레셋 사람들이 사울을 길보아에서 죽여 블레셋 사람들이 벧산 거리에 매단 것을 그들이 가만히 가져온 것이라" 삼하 21:12

이스르엘 골짜기와 요단 골짜기가 만나는 풍요로운 땅 벧산에는 로마 시대 유적이 잘 남아 있다. 이곳은 유대인 학자들이 "만일 에덴동산이 이스라엘에 있었다면 그 입구는 벧산이었을 것이다"라고 할 만큼 아름다운 곳이다. 동쪽으로는 요단강 건너 아름다운 길르앗 산지가 있고, 남서쪽으로는 길보아산이 버티고, 북으로는 완만한 평야가 굽이치는 땅이다.

벧산은 주변의 비옥한 토양과 풍부한 수원지 그리고 온화한 날씨로 인하여 농작물을 풍성하게 수확하는 곳으로 신석기 시대부터 사람이 거주했다. 일찍부터 이집트로 가는 대상들이 이용하던 길목으로 해안과 내륙을 잇는 교통의 요충지이며 군사 전략적으로도 중요한 곳이었다. BC 15세기 이집트의 투트모세 3세(Thutmose 3)에 의해 정복된 이후 이집트의 통치를 받기도 했다.

사울 왕 때 벧산은 블레셋이 통치했으며, BC 10세기에 심하게 파괴되었는데 아마 다윗이 정복한 흔적일 것이다. 벧산의 언덕 위에는 이집트 건축 양식에 영향받아 지어진 정부 관료의 집과 곡식 저장고, 신전 등이 있다. BC 63년 로마의 폼페이우스가 정복한 후에 새롭게 꾸며진 언덕 아래 로마식 도시는 중앙에 100m 길이의 카르도가 있고, 그 좌우에 상점과 목욕탕과 원형 극장 그리고 공중화장실 등이 있다.

80m 높이의 벧산 언덕에 올라가 멀리 보이는 길보아산 자락을 바라보며 이곳에서 비참한 죽음을 맞았던 사울 왕을 생각한다. 하나님의 말씀에 귀를 닫아 버린 사울은 블레셋과의 전쟁에서 패하고 도망치다 길보아산에서 아들들(요나단, 아비나답, 말기수아)과 더불어 전사했다. 사울은 목이 베어져 벧산 거리(성벽)에 처참하게 달렸고, 후에 요단강 건너편 길르앗 사람들이 사울과 아들들의 시신을 수습하여 장례를 치렀다(삼상 31:1~13).

베냐민 지파의 유력자 기스의 아들로 태어난 소년 사울, 이스라엘 자손 중에 그보다 더 준수한 사람이 없고 키가 모든 백성보다 더 컸던 사울, 사무엘 선지자의 기름 부음과 함께 여호와의 영이 크게 임하여 새사람이 된 사울, 미스바에서 이스라엘의 왕으로 뽑혀 길갈에서 왕이 된 사울, 이렇듯 하나님의 은혜는 그를 참으로 아름답게 했다.

그러나 그는 자신의 잘남과 잘함이 은혜임을 잊고 말았다. 권력의 단맛에 취하여 하나님의 말씀을 버렸으며, 인생의 끝자락에 이른 순간까지도 자신의 명예만 집착할 뿐 하나님의 명예

데가볼리 도시 가운데 유일하게 요단강 서쪽에 있던 벧산, 오른쪽 80m 언덕 위가 사울이 목이 베어져 처참하게 달렸던 구약 시대 벧산이고 아래 로마식 도시는 예수님도 거니셨을 신약 시대 벧산이다.

와 공동체의 안위에 대해서는 무심했다. 은혜를 잊으면 말씀을 잃어버리게 되고, 말씀을 잃으면 생명과 영광도 다 잃어버리게 된다. 너무나 아름다웠지만 너무나 비참했던 사람, 사울을 떠올리게 하는 벧산 거리에서 하나님의 은혜를 다시 생각한다.

로마인의 공중목욕탕

"또한 모든 것을 해로 여김은 내 주 그리스도 예수를 아는 지식이 가장 고상하기 때문이라 내가 그를 위하여 모든 것을 잃어버리고 배설물로 여김은 그리스도를 얻고" 빌 3:8

로마 시대 유적이 잘 남아 있는 벧산에 들어서면 가장 먼저 눈에 들어오는 것이 1세기에 처음 지어져 8세기까지 사용되었던 원형 극장이다. 극장은 언덕을 깎아서 만든 직경 110m의 반원형 구조로 현대적인 음향 시설이 없어도 소리의 울림이 뛰어나다. 무대 뒤 극장 세트의 높이는 20m이고, 배열된 좌석 수가 7천 석에 이르는 규모이다.

원형 극장을 지나 카르도에 들어서면 왼쪽으로 100×90m 크기의 로마식 공중목욕탕(Thermae)이 자리하고 있다. 대리석 슬래브와 모자이크로 포장된 외부 수영장, 우리의 전통 온돌 방식과 비슷하게 뜨거운 공기를 기반으로 한 바닥 난방 시스템(Hypocaust)으로 설계된 욕탕과 사우나, 각종 목욕 용품을 확인할 수 있다.

도시 연구가 루이스 멈퍼드(Lewis Mumford)는 『역사 속의 도시 1』에서 "목욕탕은 공동체의 중심지로서 로마인이란 누구인지를 규정하는 일상적인 의식(儀式)의 장소였다"라고 서술했다. 로마 제국에서 목욕탕은 단순히 몸을 깨끗이 씻는 장소, 그 이상의 적나라한 만남의 장소였다. 일반적으로 점심시간에 문을 열어 한밤중까지 열려 있던 목욕탕은 하루 일을 끝낸 로마인들에게 몇 시간 동안 계속되는 새로운 날의 시작이었다.

목욕탕에 들어가면 먼저 탈의실(Apodyterium)에 옷과 소지품을 보관해 놓고 몸에 기름칠한 후 여러 체육 시설(Palaestra) 가운데 한 곳에서 운동을 했다. 그런 뒤 건식 및 습식 사우나실(Laconica & Sudatoria)과 뜨거운 열탕인 고온욕실(Calidarium)에서 목욕을 했다. 당시는 목욕 비누를 사용하지 않던 때라 올리브 기름을 몸에 바른 후 스트라질(Strigil)이라 불리는 금속 도구를 이용해서 때를 벗겼다. 물론 귀족들은 이 일도 노예를 시켰을 것이다.

다음에는 온탕인 미온욕실(Tepidarium)에서 친구들과 대화를 나누거나 술을 마시며 긴 시간을 보냈다. 이어서 냉욕실(Frigidarium)에서 시원한 물에 몸을 담그거나 수영을 하고, 마지막으로 몸에 기름과 향을 발랐는데, 그러는 동안 간식과 포도주를 즐기기도 하고, 책을 읽기도 하고, 마사지를 받기도 했다. 때로는 술에 취해 놀거나 사랑을 나누기도 했을 것이다.

어떤 목욕탕에서는 남녀가 함께 목욕했다. 역사 문헌에 계속 혼욕 금지 명령이 내려지는 것을 보면 거꾸로 이런 행태가 만연했음을 알 수 있다. 로마 제국에는 무료에서 유료까지 여러 종류의 목욕탕이 있어서 모든 계층 사람들이 이용할 수 있었다. 전성기의 로마인들은 매일 사회적이면서 위생적인 목욕 의식을 치름으로써 로마인의 정체성을 더욱 강화시켜 갔다.

아름답고 풍요로운 땅 벧산의 지배자로 군림하던 로마인이 매일 목욕 의식을 즐기며 오가는 모습을 어느 구석에서 바라보던 식민지 피지배인의 마음은 어땠을까? 목욕탕 아궁이의 불을 지피기도 하고, 음식을 차려 내기도 하고, 주인의 때를 벗겨 내기도 해야 했던 이들의 삶의 무게는 얼마나 버거웠을까?

태어나면서부터 로마 시민권자였던 바울이 예수님을 만난 후에 배설물처럼 버린 것 가운데 하나가 로마의 목욕 문화이지 않았을까? 어려서부터 로마식 목욕 문화를 자연스럽게 누리며 살았을 바울이 몇 날 며칠을 제대로 씻지도 못했을 때 어떤 마음이 들었을까? 로마화된 국제도시 예루살렘에 머물 때도 화려한 공중목욕딩의 어유를 즐겼을 바울이 예수님으로 인하여 어둡고 습한 토굴 속 감옥에 갇혔을 때 얼마나 힘들었을까?

예수님을 알고 그 안에서 발견되는 은혜를 얻은 바울은 자신이 누리던 문화적 혜택까지도 배설물로 여겼다. 마땅히 버려야 할 죄를 버리는 것은 물론이거니와 당연한 듯 누리던 사회 문화적 혜택까지도 기꺼이 버릴 만큼 그리스도 예수를 아는 지식은 세상에서 가장 고상하고 가치 있는 것이다.

온돌처럼 뜨거운 공기를 이용한 바닥 난방 시스템을 갖춘 벧산의 공중목욕탕. 벽면 게시물에는 공중목욕탕 이용 과정을 자세히 설명해 놓았다.

공중화장실과 더러운 왼손

"네 진영 밖에 변소를 마련하고 그리로 나가되 네 기구에 작은 삽을 더하여 밖에 나가서 대변을 볼 때에 그것으로 땅을 팔 것이요 몸을 돌려 그 배설물을 덮을지니" 신 23:12~13

벧산의 로마 시대 유적 곳곳에서 수세식 공중화장실을 볼 수 있다. 공중목욕탕과 원형 극장 등을 이용하는 로마인들을 위한 편의 시설이었을 것이다. 용변을 보기 위해 앉는 자리는 대리석으로 만들어졌으며, 문은 없고 사방으로 칸칸이 만들어져서 아래로 물이 흘러가도록 설계된 수세식 화장실이다. 물론 귀족들은 별도의 1인 화장실을 사용했을 것이다. 우리나라로 치면 삼국 시대 이전인데, 이곳 벧산뿐만 아니라 지중해 연안 가이사랴나 데가볼리 지경 거라사 같은 로마식 도시 곳곳에 있었던 수세식 화장실과 배수로 개념은 너무나 현대적이어서 그저 놀랍기만 하다.

로마인들을 위한 편의 시설인 공중화장실은 유대인들이 사용할 수 없었을 것이다. 이방인과 상종하지 않던 유대인이 로마인과 함께 화장실을 쓸 리가 없기 때문이다. 또 유대인은 엉덩이를 다른 이에게 노출하는 것을 극한의 수치로 여겼기에 서로의 엉덩이가 그대로 노출되는 로마식 화장실을 이용하는 것은 쉽지 않았을 것이다. 무엇보다 로마식 도시의 공중화장실은 유대인들에게 출입 자체가 통제되었을 것이다.

성 밖에서는 화장실이 별다른 문제가 되지 않는다. 널려 있는 들판에서 적당하게 일을 치르면 되기 때문이다. 그러나 성 안의 유대인들은 어떻게 했을지 자못 궁금하다. 도시의 주민들, 방문자들, 근무자들은 어떻게 화장실을 사용했을까? 분명 유대인만을 위한 공중화장실이 있어야 했다. 그런데 그런 화장실이 어느 정도 있었는지는 드러난 것이 없다.

성경 시대에는 먹을 물도 귀했다. 제의용 물도 귀하기 그지없던 시절에 화장실로 물을 낭비할 수는 없었을 것이다. 물도 귀했고 화장지도 없었기에 왼손을 써서 뒤처리를 해야 했는데, 깨끗하게 씻지 못한 그 왼손은 냄새가 나기도 했을 것이다. 그래서 더러운 왼손으로는 거룩한 것을 만져서도 안 되고, 음식을 집어 먹어서도 안 되었다.

그 시절 도시에 사는 많은 이들 특히 유대인들은 '화장실 이용'이라는 가장 기본적인 생리 현상에서 자유롭지 못했다. 특히 과도하거나 진지하게 정결 의식을 실천하려는 이들일수록 화장실 이용은 그야말로 곤혹스러운 일이었을 것이다.

하나님은 광야의 출애굽 백성에게 화장실을 마련하고, 대변을 볼 때 뒤처리를 어떻게 해야 하는지도 말씀하셨다(신 23:12~13). 우리의 출입을 지키시는 하나님은 우리의 화장실 이용까지도 살피는 분이시다. 하나님의 살피심은 일상의 사소한 것에서 더 소중한 은혜로 발견되는 돌보심이다.

그 규모가 결코 작지 않은 벧산의 공중화장실.
귀족들은 1인용 화장실을 사용했을 것이다.

격전지 므깃도

"세 영이 히브리어로 아마겟돈이라 하는 곳으로 왕들을 모으더라" 계 16:16

성경 시대 이스라엘 땅에서 국가 간 전쟁이 가장 많았던 곳이 므깃도이다. 므깃도는 히타이트 제국의 아나톨리아 반도에서 이집트로 오가는 해안 도로가 지나는 길목이자 고대 메소포타미아 지역에서 이집트로 가는 길이기도 했다. 가나안 땅에 들어와 해안 길로 가든지, 중앙 산지 길로 가든지, 왕의 대로를 가든지, 어떤 길을 택하든 므깃도는 반드시 거쳐야 하는 교통의 요충지였다.

므깃도 언덕에 올라 보니 왜 수많은 제국이 이 땅을 얻고자 했는지 조금은 알 것 같았다. 신석기 시대에 이미 주거지를 형성하고 있었던 이곳은 교통의 요충지였을 뿐만 아니라 가나안 땅 최대 곡창 지대였다. 이스르엘 골짜기의 비옥한 토양과 풍부한 수원(水源)을 보유하고 있는 곳이기도 했다.

수많은 전쟁이 이곳에서 벌어졌는데, 기록으로 남아 있는 첫 전쟁은 BC 15세기 이집트 투트모세 3세의 가나안 원정이다. 이집트 룩소의 카르낙 신전에 당시 전쟁을 묘사한 비문(碑文)이 남아 있다. 그에 따르면 므깃도는 원성 중 가장 큰 전투가 벌어진 격전지였다.

므깃도 주변 지역은 여호수아 때 므낫세 지파가 분배받았지만, 가나안 거민을 온전히 쫓아내지 못했다(수 12:21, 삿 1:27~28). 솔로몬 왕 때 이곳에 요새를 짓고 도시를 건설했다(왕상 9:15). 솔로몬은 국가 방어를 위해 열두 지방 관장을 두었고, 그 관장들로 하여금 해마다 왕실에서 쓸 한 달 치 양식을 공급하게 했다. 그중 한 관장이 므깃도에 있었다(왕상 4:7). 이곳은 요충지였기에 마병과 병거와 국고(國庫)를 위한 형태로 성을 지었다(왕상 9:19). 아합 왕 때에도 마병과 병거를 위한 성으로 사용되었던 이곳에서 수백 마리의 말들이 묶여 있던 마구간터와 돌로 만들어진 말구유 유적이 발굴되었다.

유다 왕 아하시야가 이스라엘 왕 아합의 아들 요람을 만나러 갔을 때, 예후가 반란을 일으켜 요람 왕을 죽이고 도망치는 아하시야 왕을 죽인 곳도 므깃도였다(왕하 9:27). 그리고 이곳에서 유다의 마지막 개혁 군주 요시야 왕이 바벨론의 팽창을 막기 위해 북방 진출을 꾀하던 이집트의 '바로 느고 2세(Pharaoh Neco 2)'에 의해 죽음을 맞았다(왕하 23:29, 대하 35:22~23). 요시야 왕의 죽음이 얼마나 슬펐던지 선지자 예레미야는 애가를 지어 부르기까지 했다(대하 35:25).

므깃도 유적 입구의 박물관을 지나 언덕을 오르면 솔로몬 시대부터 서 있었을 큰 돌로 만들어진 성문 흔적을 볼 수 있다. 첫 번째 문을 통과하면 또 하나의 문이 나오는 이중 구조인데, 이것은 사람이 출입하는 문과 마병 및 병거가 출입하는 문을 구분해서 사용하기 위함이었다. 또한 적이 침입해 왔을 때 첫 번째 문이 열리면 다음 문에서 2차 방어를 할 수 있는 효과도 동시에 고려해 만들어진 것이다.

므깃도 언덕에는 길이 약 35m의 수직 갱도에 이어서 암반을 뚫어 만든 70m 가량의 인공 터널 유적이 남아 있다. 아합 왕이 만든 것으로 전해지는 이 터널의 끝에는 샘물이 고인 물웅덩이가 있었는데, 전시에도 물을 확보하기 위해 지하로 갱도를 뚫어 물웅덩이가 있는 곳까지 접근할 수 있게 했던 것이다. 성 밖에 있는 샘의 입구는 적이 감지하지 못하도록 흙으로 자연스럽게 은폐되었다.

또 한 가지 주목할 만한 유적은 여호수아와 사사 시대에 가나안 족속이 사용했을 것으로 추정되는 산당터이다. 이 산당은 다듬은 돌을 둥글게 쌓아 만들었는데, 가나안 족속이 그들의 신을 섬기며 희생을 드린 장소였다고 여겨진다. 성경에 나오는 이방 신을 섬기는 산당의 모양이 어떠한지 추측해 볼 수 있는 자료를 제공하고 있다.

고대에 강력한 제국으로 성장하기 위해서는 반드시 점령해야만 했던 므깃도, 그리고 왕국과 성전을 보호하기 위해서 반드시 지켜 내야만 했던 므깃도의 피비린내 나는 전쟁 이야기는 요한계시록에서 '아마겟돈(므깃도의 산)'이라는 이름으로 다시 등장한다. 므깃도의 역사를 알고 있었을 유대 기독교인들은 요한의 편지를 받아 보며 아마겟돈에서 벌어질 전쟁의 예언 속에서 피비린내 나는 전장(戰場) 므깃도를 떠올렸을 것이다.

요한계시록에 따르면, 마지막 때 세 영이 아마겟돈으로 왕

므깃도의 초기 청동기 시대 산당터.
둥글거나 네모지게 다듬은 돌로 쌓은 산당의 모습과 달리 하나님이 다듬지 않은 돌로
제단을 쌓으라고 하신 것은 이집트나 가나안의 이방 신전 풍습을 철저하게 배격하기 위함이다.

들을 집결시키고(계 16:12~16), 땅의 사방 백성 곧 곡과 마곡을 모아 싸움을 붙이지만, 하늘 보좌에서 불이 내려 그들을 심판할 것이다(계 20:7~10). 요한계시록이 말하는 아마겟돈이 이스르엘 골짜기의 특정 장소 '므깃도'일까? 일부의 해석처럼 정말 곡과 마곡의 싸움이 이스라엘 북쪽 곧 '러시아'의 실재적 위협을 말하는 것일까? 종말의 마지막 전쟁이 문자적으로 이스르엘 골짜기 므깃도에서 일어난다고 이해해야 하는 것일까?

그렇지 않다. 요한계시록의 아마겟돈에 대한 메시지를 특정한 때와 장소, 나라에 치우쳐서 해석하는 것은 매우 주의해야 한다. 요한계시록 말씀의 가장 큰 핵심은 마지막 때를 사는 교회와 성도가 치러야 할 악한 세력과의 영적 싸움이 옛날 므깃도에서 있었던 피비린내 나는 전쟁처럼 처절하고 치열함을 직시해야 한다는 것이다. 그리고 그 싸움은 왕의 왕 되신 예수 그리스도와 그의 성도들이 반드시 이기는 승리가 보장된 싸움임을 확신시키는 말씀으로 읽어야 한다.

|

갈멜산의 엘리야 석상

"일곱 번째 이르러서는 그가 말하되 바다에서 사람의 손만 한 작은 구름이 일어나나이다 이르되 올라가 아합에게 말하기를 비에 막히지 아니하도록 마차를 갖추고 내려가소서 하라 하니라" 왕상 18:44

아가서에서 아름다운 여인의 머리(아 7:5)로 비유되는 갈멜산의 엘리야 수도원을 찾았다. 갈멜산은 봉우리 하나만 있는 산이 아니라 북쪽 지중해 해변에서 동남쪽으로 길게 뻗어 있는 산맥을 말한다. 갈멜산 정상의 높이는 해발 546m이고, 지중해와 이어지는 항구 도시 하이파에서 엘리야 수도원으로 불리는 무흐라카 수도원(Muhraka Monastery)까지 거리는 27km이며, 이곳은 해발 482m이다. 이곳에 서면 이스르엘 골짜기가 한눈에 펼쳐지며 갈멜산 바로 밑을 지나는 기손강도 내려다보인다.

엘리야의 제안으로 바알과 아세라 선지자들과 불의 대결이 펼쳐진 곳으로 알려진 무흐라카 수도원 지붕에 서서 엘리야의 움직임을 떠올린다. 땅에 비를 주는 뇌성 곧 물의 신 바알과 불의 신 여호와 하나님의 대결이 종일 이어졌다. 그때 여호와의 불이 내려와 번제물과 나무와 돌과 흙을 태우고 도랑의 물까지 핥는 놀라운 일이 일어났다(왕상 18:20~38). 엘리야의, 아니 하나님의 승리였던 것이다.

그 후에 큰 빗소리를 들은 엘리야는 이곳 어디에선가 얼굴을 무릎 사이에 넣고 땅에 엎드렸다. 일곱 번까지 올라가 멀리 지중해 바다 쪽을 바라보던 사환이 바다에 사람의 손만 한 작은 구름이 일어나는 것을 보기까지 그 자리에서 기도했다(왕상 18:41~44, 약 5:17~18).

어떤 이들은 엘리야의 사환이 보았던 작은 구름이 실제 크기가 작은 것이라고 생각한다. 작은 구름이 갈멜산으로 다가오는 시간 속에 점점 큰 구름이 되어 큰비를 내렸다는 것이다. 그

갈멜산 무흐라카 수도원의 엘리야 석상, 바알 선지자를 밟고 올라서 있는 엘리야의 모습은 오늘 우리에게도 섬길 자를 선택하라고 말없이 외치고 있다.

래서 이 말씀은 작은 씨앗과 같은 희망을 보고 도전하면 마침내 큰 열매를 거둘 것이라는 도전 스토리의 근거로 종종 인용되기도 한다.

그러나 손만 한 구름은 작은 구름이 아니라 시각적으로 작게 보였을 뿐이었다. 갈멜산에서 지중해 방향으로 40km가량 떨어진 가이사랴에서 일어난 구름이 사환의 눈에 작은 구름으로 보였을 뿐이고, 실제 작은 구름이 아니었다. 지중해에서 큰 구름이 갈멜산에서는 작게 보이지 않겠는가? 큰 구름이 바람과 함께 다가와 큰비를 내린다는 의미이다.

쏟아지는 큰비와 함께 여호와의 능력이 엘리야에게 임했다. 엘리야는 큰비를 맞으며 이스르엘로 들어가는 곳까지 마차를 탄 아합 앞에서 달려갔다(왕상 18:45~46). 어떤 이들은 여호와의 능력으로 엘리야에게 초능력이 생겼다고 생각한다. 능력이 임하면 마차보다 빨리 달려갈 수 있다고 믿는 것일까? 그래서 엘리야 같은 초능력을 구하기도 한다.

그러나 드넓은 골짜기에 큰비가 내리면 마차는 제대로 달릴 수 없었다. 수년의 가뭄 중에는 마차가 자유롭게 달릴 수 있었지만 큰비로 진흙밭이 되어 버리자 바퀴가 이리저리 빠지게 된 것이다. 그러니 걷는 게 더 빨랐을 것이다. 도로가 꽉 막히면 타고 있던 버스에서 내려 걷는 것이 더 빠를 때가 있는 것과 같은 이치이다. 엘리야에게 임한 것은 마차보다 빨리 달릴 수 있는 초능력이 아닌 두려움을 넘어 "너는 가서 아합에게 보이라"(왕상 18:1)라는 사명을 다하는 능력을 말한다.

성경에는 온갖 초자연적인 기적 이야기가 가득하다. 우리는 하늘에서 불을 내리는 기적의 하나님을 믿고, 초월적인 하나님의 역사를 구하기도 하고, 응답을 누리기도 하며 신앙생활을 한다. 하지만 기적 신앙이 일상적이고 상식적임에도 불구하고 성경을 기적과 신비로만 읽는 우(愚)를 범하지 않도록 주의해야 한다. 신앙의 일상성을 놓치지 않을 때 하나님의 돌보심이라는 진정한 기적을 알아볼 수 있다.

9 복음이 자라나는 땅, 이방의 갈릴리

스불론 땅과 납달리 땅과 요단강 저편 해변 길과
이방의 갈릴리여 흑암에 앉은 백성이 큰 빛을 보았고
사망의 땅과 그늘에 앉은 자들에게 빛이 비치었도다
하였느니라
마 4:15~16

Galilee

봄철 겨자꽃을 비롯한 들꽃이 만발한 갈릴리 호숫가 들녘

데가볼리 지경 벧산에서 요단 골짜기를 따라 북쪽으로 올라가면 예수님이 자라고 활동하신 주 무대 갈릴리에 이른다. 많은 여행자가 갈릴리 호숫가 마을에서 '베드로 고기'라고 불리는 틸라피아(Tilapia)로 만찬을 즐기는 곳이기도 하다.

여호수아의 가나안 정복 이후 납달리와 스불론 지파에게 주어진 땅 갈릴리는 북쪽 헐몬산 자락의 단에서부터 남쪽 갈멜산 줄기와 길보아산 그리고 동쪽 요단 골짜기까지 뻗어 있는 이스르엘 골짜기와 서쪽 지중해 연안 악고까지 이어지는 지역이다. 지형적인 특성을 따라 크게 세 지역 곧 레바논 산맥에서 이어지는 상부 갈릴리, 크고 작은 구릉과 평야로 이루어진 하부 갈릴리, 해안 평야 지대인 서부 갈릴리로 나눌 수 있다.

갈릴리는 북쪽 레바논 산맥에서 흘러내리는 물과 넉넉한 강우량으로 물이 풍부한 곳이다. 봄철이면 들꽃이 만발하는 갈릴리는 화산 활동으로 만들어진 현무암이 풍화되면서 농토도 비옥하다. 이곳 사람들은 주로 밀과 올리브와 포도 같은 작물들을 재배했고, 양과 소를 기르기도 했으며, 갈릴리 호수 인근에는 생선을 가공하는 작업장들도 있었다.

갈릴리는 북방의 제국 앗수르에 의해 가장 먼저 점령당한 지역이다. 그 후 앗수르의 혼합 정책으로 인해 많은 이방인이 몰려와 살았고, 역사적으로 전쟁이 끊이지 않던 지역이기도 했다. 그래서인지 갈릴리는 흔히 '이방의 갈릴리'(사 9:1)로 불렸고, '갈릴리에서는 선지자가 나지 못한다'(요 7:52)며 무시당하기도 했다.

예수님 당시 갈릴리 사람들의 삶은 매우 궁핍했다. 그들은 대부분 소작농이거나 품꾼이었다. 역사가 요세푸스의 증언에 따르면 이곳 사람들은 과거 이 지역에서 일어난 몇 차례의 반란(행 5:27)으로 인해 다른 지역에 비해 1년에 적게는 두 배, 많게는 네 배 이상에 달하는 무거운 세금(금 200달란트)에 시달려야 했다.

예수님은 생애 중 가장 많은 시간을 갈릴리에서 보내셨다. 유년 시절을 보낸 고향이 갈릴리의 작은 마을 나사렛이었고(마 2:23, 21:11), 이후에는 가버나움에서 지내셨다(마 4:13). 예수님은 갈릴리에 오셔서 복음 전파를 시작하셨다(막 1:14). 또 부활하신 후 첫 번째 행선지도 갈릴리였다(막 14:28).

예수님은 공생애 사역을 시작하면서 가버나움의 회당에서 이사야 선지자의 글을 읽으셨다. 멸시당하던 이방의 땅 갈릴리가 영화롭게 될 것임을 예언하는 말씀이었다(사 9:1). 그 말씀대로 예수님의 복음은 가장 미천한 땅 갈릴리에서부터 시작되었다. 편견과 천대의 자리를 살아가는 가장 낮은 자들을 찾아 치유하고 친구가 되어 하나님 나라를 선포하는 것이 복음의 시작이자 끝이다.

아르벨산에 오르면

"너희가 자기를 위하여 공의를 심고 인애를 거두라 너희 묵은

땅을 기경하라 지금이 곧 여호와를 찾을 때니 마침내 여호와
께서 오사 공의를 비처럼 너희에게 내리시리라" 호 10:12

이른 아침, 갈릴리 사람들이 로마 제국에 반기를 들었던 마지막 항전지(抗戰地) 아르벨산을 올랐다. 이 산은 1187년 살라딘의 이슬람 군대가 십자군을 물리친 '하틴의 뿔(Horns of Hattin)'에 인접한 곳으로 BC 759년에 지진으로 갈라지면서 생긴 절벽산이다. 아름다운 갈릴리 호수와 그 주변 도시들을 조망할 수 있는 이곳은 날이 좋을 땐 멀리 헐몬산까지 볼 수 있지만, 성경에 언급되지 않아서인지 순례객들이 잘 찾지 않는다.

절벽을 따라 오르는 트레킹 코스 대신 버스를 타고 절벽 위로 올라가 나지막한 언덕을 걸었다. 갈릴리 곳곳은 아래에서 보면 산이지만, 올라서서 바라보면 넓은 평지가 펼쳐지는 지형이다. 산을 오르면 평지가 나오고, 평지를 걸으면 산을 오르게 된다. 그렇게 산에 올라 평지를 걸어 정상에 다다랐다.

이른 봄에는 길가에 붉은색 아네모네꽃(백합화)을 비롯한 들꽃이 활짝 피겠지만, 한여름에는 마른 들풀뿐이다. 바위틈 곳곳에는 사반과 날아든 새들이 앉아 있다.

아르벨산 절벽 끝자락에 서면 갈릴리 호수 서쪽 지역인 디베랴와 막달라, 게네사렛, 가버나움이 한눈에 펼쳐지며, 호수 너머 골란고원까지 보인다. 햇살은 뜨거웠지만 상쾌하게 불어오는 바람을 맞으며 갈릴리 전역을 내려다보니 2천 년 전 갈릴리 곳곳을 걷고 또 걸었을 예수님과 제자들의 모습이 어른거리

는 듯하다.

산의 평지 한쪽에는 씨 뿌리는 밭이 자리하고 있다. 이스라엘과 요르단의 산지와 평지를 지나며 보게 되는 밭들은 한결같이 길가에 돌과 흙과 가시덤불이 뒤섞여 있는 풍경이다. 겨울이 끝나 가고 봄철이 다가오면 씨를 뿌리기 전에 땅을 갈아엎는다. 어떤 밭은 씨를 먼저 흩어 뿌리고 난 다음에 갈아엎기도 한다. 이것을 묵은 땅을 기경한다고 표현한다(호 10:12). '묵은 땅'은 수년, 수십 년 묵혀 둔 땅만이 아니라 지난여름에 추수하고 봄을 기다리며 묵혀 둔 땅을 뜻하기도 한다.

농부는 이런 땅에 씨를 정성스럽게 심는 것이 아니라 뿌린다. 물론 이스라엘과 요르단의 농사법이 밭에 씨를 뿌리는 식으로만 이뤄지는 것은 아니다. 씨앗의 종류에 따라 씨를 심을 때도 있다. 대표적으로 씨앗을 흩어 뿌리는 작물은 겨자씨와 아마씨 그리고 밀과 보리다.

문득 씨 뿌리는 자의 비유를 두고 30배, 60배, 100배의 결실을 얻는 믿기지 않는 이자율이라며, 아는 사람만 알고 모르는 사람은 모르는 하늘나라 비밀이라고 가르치던 책이 떠오른다. 씨를 뿌리고 거두는 지극히 일상적인 농사 이야기를 현대 금융사회의 이자율로 치환시켜 하늘나라의 비밀이라 혹세무민(惑世誣民)하는 가르침이 여전히 교회 안에 회자되는 현실이 그저 안타깝기만 하다.

씨를 뿌리고 거두는 30배, 60배, 100배의 결실은 초자연적 이자율이 아니다. 깨나 겨자씨, 벼나 보리 같은 씨앗을 심으면

갈릴리 호수에서 바라본 아르벨산, 절벽 아래 골짜기로
가버나움에서 나사렛을 오가던 순례길(Jesus Trail)이 이어진다.

그 수확은 몇 배나 될까? 대추야자나무(종려나무), 올리브나무(감람나무), 석류나무를 심으면 그 열매는 몇 배가 될까? 30배, 60배, 100배가 아니라 그보다 더 많은 씨, 더 많은 열매를 만들어 낸다. 그러므로 씨가 30배, 60배, 100배의 결실을 거두는 것은 농사꾼에게 초자연적 기적이 아니라 심음과 거둠의 상식적이고 일상적인 은혜일 뿐이다.

예수님은 일상에서 씨를 뿌리고 거두는 밭의 현장처럼 말씀을 듣고 인내로 결실하는 좋은 마음밭이 있음을 말씀하신 것이다. 씨는 땅을 변화시킬 수 없다. 어떤 씨는 열매를 맺지 못하고 사라질 수도 있다. 씨를 심는 것이 아니라 뿌리기 때문이다. 씨를 뿌리는 자는 좋은 밭 따로, 가시밭 따로, 돌짝밭 따로, 길가 밭 따로가 아니라 한 공간에 다 뒤섞여 있는 밭에 씨를 뿌릴 뿐이다(마 13:1~23).

우리는 하나님 나라의 복음을 들은 밭이다. 우리가 어떻게 반응하느냐에 따라 우리 마음밭이 확인될 뿐이다. 우리가 맺는 말씀의 열매가 마음밭의 형편을 보여 주고 있을 뿐이다. 가시밭, 돌짝밭, 길가 밭, 좋은 밭은 우리의 선택에 따른 우리의 책임이다.

도피성 갈릴리 게데스

"이에 그들이 납달리의 산지 갈릴리 게데스와 에브라임 산지의 세겜과 유다 산지의 기럇아르바 곧 헤브론과 여리고 동쪽 요단 저쪽 르우벤 지파 중에서 평지 광야의 베셀과 갓 지파 중에서 길르앗 라못과 므낫세 지파 중에서 바산 골란을 구별하였으니" 수 20:7~8

상부 갈릴리로 향하는 길에 도피성(Cities of Refuge) 지경인 갈릴리 게데스를 찾았다. 청동기 시대부터 사람들이 거주했던 이곳은 페르시아와 그리스, 그리고 로마의 유적들이 발견된 곳으로 여호수아가 정복한 가나안 족속의 주요 도시 가운데 하나이다(수 12:22).

게데스는 이스라엘의 사사 드보라와 동역한 용사 바락이 하솔에서 통치하는 가나안 왕의 군대 장관 시스라의 군대를 물리치기 위해 납달리와 스불론 지파로부터 군대를 소집한 곳이다(삿 4:9~11). 또 이곳은 BC 733년에 앗수르의 디글랏 빌레셀(Tiglath-Pileser 3)에게 정복당하기도 했고(왕하 15:29), 마카비 반란 시대에는 마카베오 형제와 데메트리우스 사이에 대격돌이 벌어지기도 했다.

악의 없이 우발적 실수로 살인을 저지른 사람은 피해자의 형제나 친족으로부터 피의 보복을 피하고 생명을 건지기 위해 도피성으로 피했다. 살인자라도 일단 도피성으로 들어가면 생명이 보장되고 공정한 재판을 받을 수 있었다. 살인의 고의성 여부를 판단하기 위해 구성된 진상 조사단의 면밀한 정황 판단과 공개적인 재판이 진행되었다(수 20:1~6).

로마 시대의 신전과 돌기둥 유적이 남아 있는 도피성 갈릴리 게데스.
생명의 안전과 공정한 재판을 제공한 도피성처럼
교회는 억울한 피 흘림이 없도록 생명을 지켜 내는 정의로운 피난처가 되어야 한다.

일종의 인권 보호 제도인 도피성은 가나안 땅 어느 곳에서 나 하루 만에 이를 수 있도록(약 48km 이내) 세워졌다. 요단강 동쪽 골란(북쪽), 길르앗 라못(중간 지점), 베셀(남쪽), 서쪽 게데스(북쪽), 세겜(중간 지점), 헤브론(남쪽)에 위치한 도피성은 찾아가기 쉽게 길을 잘 닦도록 했다(신 19:3, 수 20:7~8). 이 여섯 곳은 주변 지역에서 접근이 용이할 뿐 아니라 자체적으로 방어할 수 있는 지정학적인 위치와 기능을 가진 도시였다.

도피성으로 몸을 숨겨 생명을 보호받을 수 있는 대상은 이스라엘 백성뿐만 아니라 외국인도 포함되었다(수 20:9). 이곳으로 피한 사람은 대제사장이 죽을 때까지 그 성에 머물러야 했다(수 20:6). 그것은 도피성에 들어간 죄인 곧 과실치사자(過失致死者)가 사면될 수 있는 유일한 방법이 '대제사장의 죽음'이었기 때문이다.

애굽 사람을 쳐 죽인 모세의 살인 사건은 고의성에 대한 실례(민 35:16~23)에 비추어 볼 때 고의적 살인으로 보기 어렵다(출 2:11~12). 만일 도피성이 있었다면 보호받을 범죄였던 것이다. 살인 사건 이후 미디안 광야로 피한 모세는 바로가 죽을 때까지 그곳에서 살아야 했다(출 2:15, 23). 이것 또한 대제사장이 죽어야 사면되는 도피성 제도를 연상시킨다.

예수님의 십자가 죽음으로 우리의 죄가 용서되었다는 죄 사함의 원리도 도피성 제도를 통해 잘 설명될 수 있다. 대제사장의 죽음이 도피성으로 피한 죄인의 사면 곧 형 집행 정지를 가져오듯이 대제사장 되신 예수님의 죽음이 죄인 된 우리를 용서

하고 죽음의 형벌로부터 속량(贖良)하는 것이다(히 6:18~20, 7:27, 10:10~18). 대제사장 되신 예수님의 죽음만이 죄인을 해방하는 유일한 길이다.

나아가 도피성 제도는 교회의 정체성에 대한 다양한 시사점을 고민하게 한다. 도피성이 어느 곳에서나 쉽게 접근할 수 있었던 것처럼 교회 역시 누구나 쉽게 찾아 머물 수 있는 곳이어야 한다. 도피성이 자체적으로 방어가 가능한 위치와 기능을 가졌던 것처럼 교회 역시 충분한 자생력을 갖고 세상 한복판에 머물러야 한다. 도피성이 생명의 안전과 공정한 재판을 제공한 것처럼 교회 역시 억울한 피 흘림이 없도록 생명을 지켜 내는 정의로운 피난처가 되어야 한다.

최북단 도시 텔 단

"이에 계획하고 두 금송아지를 만들고 무리에게 말하기를 너희가 다시는 예루살렘에 올라갈 것이 없도다 이스라엘아 이는 너희를 애굽 땅에서 인도하여 올린 너희의 신들이라 하고 하나는 벧엘에 두고 하나는 단에 둔지라 이 일이 죄가 되었으니 이는 백성들이 단까지 가서 그 하나에게 경배함이더라" **왕상 12:28~30**

흔히 가나안 땅 전체를 일컫는 말로 '브엘세바에서 단까지'

라는 표현을 사용하곤 한다. 바로 그 '단'에 해당하는 최북단 도시 텔 단을 찾았다. 건조한 남방 네게브의 중심 도시 브엘세바와는 달리 물이 많고 풍요로운 땅이다. 야곱이 요셉을 축복하며 떠올렸던 '샘 곁의 무성한 가지'(창 49:22)나 시인이 철을 따라 열매를 맺으며 그 잎사귀가 마르지 않는 복 있는 사람을 노래했던 '시냇가에 심은 나무'(시 1:3)가 텔 단을 흐르는 단강 주변에서 자라고 있다.

텔 단에 이렇게 물이 풍부한 이유는 헐몬산이 있기 때문이다. 성경에서 스닐산(아 4:8)으로도 불리는 헐몬산은 이스라엘의 북쪽 끝에서 시리아, 레바논과 국경을 맞대고 있는 해발 2,814m의 산이다. 헐몬산은 우기철에는 눈이 많이 내려 쌓이고, 건기에는 고산 지대라 일교차가 커서 이슬이 많이 내린다. 산이 품었던 눈 녹은 물과 내리는 이슬은 그대로 산자락 아래에서 터져 나와 샘이 된다. 그렇게 터진 샘이 요단강으로 흘러가는데 그중 대표적인 강이 단강이고, 다른 하나가 빌립보 가이사랴의 바니아스강이다.

이곳은 원래 단 지파에게 분배된 땅이 아니었다. 단 지파는 지중해 연안 욥바 근처를 분배받았다(수 19:40~46). 하지만 블레셋을 이기지 못했고, 또 염려도 없고 부족한 것도 없이 부를 누리며 살기 위해 이곳 라이스(레셈)를 찾아 점령하고는 조상의 이름을 따서 단이라 불렀다.

단 성읍을 세운 그들은 자기들을 위하여 새긴 신상을 만들고, 자신들을 위한 제사장도 따로 두었다(수 19:47, 삿 18:1~31). 이렇듯 자신들에게 주어진 분복을 취하여 누리며 자족하지 못하고, 풍요의 땅을 찾아 더 부하려는 욕망으로 세워진 도시가 단이다.

솔로몬 왕이 죽은 후 이스라엘은 남북으로 분열되었다. 이렇게 분열된 이유가 여럿 있지만, 그중의 하나는 지리적으로 중립적이었던 실로에서 남쪽으로 치우친 다윗 성 예루살렘으로 중앙 성소가 옮겨졌기 때문이다. 북쪽 지역 사람들이 절기를 한 번 지키려고 갈릴리에서 걸어가면 열흘 이상이 걸리니 왕복 3~4주의 시간을 내는 게 쉽지 않았다.

이런 배경을 잘 알고 있던 여로보암은 북왕국을 차지한 뒤, 절기를 지킬 때마다 예루살렘을 찾아야 하는 정치 종교적인 문제를 자체적으로 해결하기 위해 북왕국의 남쪽 경계인 벧엘과 북쪽 경계인 단에 여호와의 제단을 만들었다. 애굽에서 망명 생활을 했던 여로보암은 백성들에게 하나님의 실존을 보여 주기 위한 수단으로 '보이지 않는 하나님'을 보이는 금송아지 형상으로 만드는 치명적인 잘못을 저질렀다(왕상 12:28~30).

여로보암이 금송아지를 만들어 둔 곳은 이전부터 가나안 사람들이 바알과 아세라를 섬기는 제단이 있던 곳이었다. 많은 물, 폭풍, 천둥, 번개, 구름 등과 연결된 뇌성의 신인 바알은 비가 없으면 농사도 목축도 할 수 없는 땅에서 사는 이들에게 절대적인 존재였다. 이런 바알의 아내, 땅의 여신인 아세라는 바알이 내린 비를 받아 풍성한 열매를 맺는 존재였다.

어디선가 많은 물소리가 들려오며 영험한 듯 커다란 상수리

여로보암이 세운 텔 단의 제단과 영험한 듯 서 있는 상수리나무, 풍요와 번영을 위한 욕망으로 바알과 여호와가 하나가 된 슬픔의 현장이다.

나무가 버티고 있는 텔 단의 제단은 바알의 은총이 강하게 임할 것 같은 느낌을 주기에 충분하다. 그리고 그곳으로 향하는 성문 앞에는 돌로 세운 아세라 신상이 있다. 형상이 분명한 바알과 달리 형상이 불분명한 돌로 세운 아세라 신상은 아세라가 땅의 신임을 잘 보여 준다.

여로보암은 정치 종교적인 의도로 바알 신전에 여호와의 제단을 쌓고 금송아지를 두었다. 그런데 비극적이게도 금송아지와 바알은 풍요와 번영을 향한 욕망으로 하나가 되었다. 바알과 아세라를 섬기던 가나안 사람들이나, 여호와 하나님을 금송아지로 형상화했던 여로보암이나, 바알과 여호와 둘 다를 놓지 못했던 백성들이나, 다들 욕망하는 것은 하나였다. 모두 풍요와 번영의 복을 위해 자기 필요대로 바알과 여호와를 섬겼던 것이다. 그들은 자기 욕망을 채워 줄, 자신들을 위한 풍요의 신을 구했던 것이다.

빌립보 가이사랴

> "예수께서 빌립보 가이사랴 지방에 이르러 제자들에게 물어 이르시되 사람들이 인자를 누구라 하느냐" 마 16:13

텔 단에서 골란고원 안쪽으로 4km 정도 들어가 빌립보 가이사랴에 도착했다. 현재 '바니아스(Banias)'로 불리는 이곳은 무성한 초목이 우거진 장엄한 바위 대지에 세워진 고대 도시다. 또한 헐몬산 남쪽 경사면 암벽 틈에서 수정같이 맑고 깨끗한 물이 솟구치며 사시사철 마르는 법이 없는 요단강의 주요 수원지이기도 하다.

이곳 빌립보 가이사랴는 헤롯 대왕이 BC 20년 로마 황제 아구스도로부터 선물로 받은 도시다. 헤롯 대왕이 죽은 후 그의 아들 빌립이 이곳을 물려받아 행정 수도로 정하면서, 자신을 분봉왕으로 임명해 준 로마 황제에 대한 감사 표시로 황제 이름에 자신의 이름까지 더해 '빌립보 가이사랴'로 명명하여 헌정한 로마식 도시다.

이곳은 가나안의 바알을 섬기던 곳이었는데, BC 3세기 이후 헬레니즘의 영향으로 초원의 신인 '판(Pan)'을 섬기게 되었다. 웅장한 절벽 아래 자리한 판을 위한 동굴은 죽은 자의 거처 곧 음부로 들어가는 문(Gates of Hades)으로 알려져 있다. 판은 음부로 건너갔다가 돌아올 수 있는 신, 음부의 문을 열고 닫는 권세를 가진 신이었다. 동굴 앞에는 로마 황제 아구스도의 신전과 그의 석상이 있고, 그 옆으로 나란히 주신 제우스(Zeus) 신전과 복수의 신 네메시스(Nemesis) 신전이 있다.

판은 염소의 뒷다리와 뿔을 가진 반인반수(半人半獸)의 신이다. 그리스 신화에서 판은 동물들이 뛰어노는 푸른 초원의 신인 동시에 목동의 신이다. 그리고 가지고 다니는 피리(Pan's Flute)로 사람과 동물을 유혹해 난잡한 성관계를 통해 쾌락을 즐기는 신이기도 하다. 이 때문에 판은 다산과 봄의 계절과 연관

빌립보 가이사랴의 가이사 아구스도와 판의 신전터.
전면에 보이는 큰 동굴은 판이 음부로 들어가는 문으로 알려진 곳이다.

되었다. 이런 판을 사람들이 얼마나 동경했으면 판을 위한 신전을 짓고, 판을 위한 도시라는 뜻으로 '파니아스(Panias)'라고 불렀을까 싶다.

하루는 예수님이 평소에 사역하던 갈릴리 호숫가에서 50km 정도 떨어진 빌립보 가이사랴를 찾으셨다. 웅장한 로마식 도시, 마르지 않는 샘이 있는 풍요의 땅, 초원의 풍요과 쾌락을 주는 판 신과 로마 황제 아구스도가 지배하는 신들의 땅에서 제자들에게 물으셨다. "너희는 나를 누구라 하느냐?" 그러자 베드로가 고백했다. "주는 그리스도시요 살아 계신 하나님의 아들이십니다."(마 16:16)

그곳에 가득한 신들과 로마 황제 아구스도가 아닌 예수님이 자신을 구원할 그리스도이시며, 죽은 신의 아들 가이사 티베리우스가 아닌 살아 있는 하나님의 아들 예수님을 믿는다는 절대신앙의 고백이다. 다시 말해서 죽은 신의 사람이 아닌 예수님의 사람의 되겠다는 선언, 황제의 사람이 아닌 하나님의 사람이 되겠다는 선언이다. 이 담대한 베드로의 신앙고백에 예수님은 이렇게 말씀하셨다.

> "또 내가 네게 이르노니 너는 베드로라 내가 이 반석 위에 내 교회를 세우리니 음부의 권세가 이기지 못하리라" 마 16:18

헐몬산 자락의 거대한 반석 위에 세워진 가이사 아구스도의 웅장한 신전으로 대표되는 세상의 권세(Power)와 음부의 문을 오가는 판으로 대표되는 세상의 풍요가 결코 교회를 이기지 못할 것이라는 승리의 선언이다. 예수님이 반석인 베드로와 그의 신앙고백 위에 세우실 교회는 세상 권세와 풍요를 능히 이겨 낼 승리의 공동체이다. 땅에서 하늘을 매고 푸는 천국 열쇠는 판이나 아구스도가 아닌 오직 예수 그리스도와 그의 교회에게 주어진 것이다.

|
가나에서 일어난 순종

"사흘째 되던 날 갈릴리 가나에 혼례가 있어 예수의 어머니도 거기 계시고 예수와 그 제자들도 혼례에 청함을 받았더니" 요 2:1~2

예수님이 물로 포도주를 만드신 혼례가 있었던 갈릴리 가나가 어디인지에 대해서는 크게 두 가지 설이 있다. 하나는 예수님의 고향 나사렛에서 디베랴 방향으로 약 6.4km 떨어진 카프르 카나(Kafr Kanna)이고, 다른 하나는 나사렛에서 북쪽으로 약 14.4km 떨어진 키르벳 카나(Khirbet Qana)이다.

그중 나사렛에서 가버나움에 이르는 순례길 선상에 있는 카프르 카나를 찾았다. 맛있는 화덕 빵과 우슬초 피자를 만드는 빵집이 있는 큰길에서 골목을 따라 들어가면 1884년 프란체스코 수도회에서 건축한 '가나 혼인 잔치 교회(Wedding Church at

Cana)'가 있고, 그 맞은편에는 1566년 그리스 정교회에서 건축한 예배당이 있다.

3월 말에서 4월 초, 유월절 직전의 어느 더블 블레싱의 날(참고, 창 1:9~13)[9] 밤, 갈릴리 가나에 혼례가 있었다. 그 시절 혼인 잔치는 초대받은 이들만 참여할 수 있었는데, 예수님의 어머니가 거기 계셨고 예수님과 제자들도 혼례에 초청받았다. 누구의 잔치였는지 모르지만 괜찮은 포도주를 준비할 수 있었다는 것을 보면 제법 사는 집이었을 것이다.

그 집에는 두세 통 드는 돌 항아리(당시 기준으로 한 통은 40L)가 여섯 개나 있었다. 거기에 들어갈 물의 양은 대략 600L에 이르렀다. 물이 귀한 시절, 집 안에 이렇게 많은 양의 물을 확보해 두었다면 그것만으로도 삶의 질은 달랐다. 이 물의 용도는 손님을 맞이할 때, 머리에 올리브기름을 발라 주고 환대의 껴안음을 한 뒤 손과 발에 물을 부어 주는 '유대인의 정결 예식'을 위함이었다. 사실 손과 발을 씻었다기보다 손과 발에 물을 축였다고 봐야 할 것이다.

혼인 잔칫집에서 가까운 마을 공터에 천막을 치고 잔치가 벌어졌다. 잔치 자리 중앙에는 네 기둥으로 받쳐진 '후파(Chuppah)'로 불리는 천막이 있고, 그곳에 신랑과 신부가 자리 잡았다. 늦은 밤에 시작한 혼인 잔치는 일주일 안팎으로 계속

---

[9] 더블 블레싱의 날: 창조의 셋째 날 하나님은 '보시기에 좋았더라'를 두 번 말씀하신다. 유대인들은 이날을 하나님이 두 배로 복 주신 날로 여겨 창조의 셋째 날 곧 화요일에 결혼식을 한다.

되었다. 봄날 밤, 상쾌하게 불어오는 시원한 바람이 흥겨운 노랫소리를 마을로 실어 날랐다.

그런데 이 흥겨운 자리에 포도주가 떨어졌다. 잔칫집에 포도주가 떨어졌을 때 겪게 될 난처함과 민망함은 말로 다 할 수 없을 것이다. 그때 예수님의 어머니는 이 일을 예수님께 부탁하고는 그 집 하인들에게 "무슨 말씀을 하시든지 그대로 하라"고 지시했다.

예수님은 정결 예식을 위한 항아리에 물을 채우게 하고, 떠서 연회장에게 갖다주게 하셨다. 하인들은 말없이 항아리에 물을 채우고, 다시 그것을 떠서 연회장에게 가져다주었다. 그 물을 마신 연회장은 신랑을 불러 지금까지 좋은 포도주를 남겨 두었다고 칭찬했다. 물로 된 포도주, 그 맛은 어떨지 자못 궁금하다.

예수님의 첫 번째 표적 이야기 속 물 떠 온 하인들을 생각한다. 그들은 혼인 잔칫집에서 가장 존재감이 없었다. 여러 가지 사연으로 하인이 되고 종이 되는 일이 일상적이었던 시대 그들은 어떤 연유로 하인이 되었을까? 그 당시 비일비재했던 도시 빈민들처럼 도시로 올라온 농민이나 목자 출신이었을까? 경제적인 이유로 하인이 되었다면 그들의 가족도 하인이나 종으로 팔려 갔을까? 잔칫집에서 일을 거들던 하인들은 다 남자였을까? 그 시대 여자 하인들은 어떤 삶을 살았을까?

우리는 그들을 '물 띠 온 하인들'이 아니라 예수님께 순종하여 기적을 이룬 '순종의 사람'으로 주목해야 한다. 또 갈릴리 가

아르벨산에서 내려다본 갈릴리 가버나움에서 가나로 향하는 길, 예수님과 제자들은 변변한 신발도 신지 못한 채 거친 길을 오갔을 것이다.

나의 잔칫집에서 투명 인간 취급받았던 그들처럼 우리의 일상에서 또 다른 누군가를 투명 인간 취급하지 않는지 돌아보아야 한다. 우리는 성경을 읽거나 삶을 살아가면서 사건이 아닌 사람에게 더욱 주목해야 한다.

예수님이 징집된 찌포리

> "또 너희는 기도할 때에 외식하는 자와 같이 하지 말라 그들은 사람에게 보이려고 회당과 큰 거리 어귀에 서서 기도하기를 좋아하느니라 내가 진실로 너희에게 이르노니 그들은 자기 상을 이미 받았느니라" 마 6:5

성경에는 언급되지 않지만, BC 7세기 이전부터 사람들이 산 흔적이 있는 찌포리(세포리스)는 신약 시대 갈릴리 지방 행정 수도였으며, 5세기까지 유대교의 중심지로 크게 번창한 고대 도시다. 인근에서 흔히 볼 수 없는 대리석 건물들과 다양한 모자이크 장식을 볼 수 있는 곳이다. 2004년 개봉한 영화 〈패션 오브 크라이스트〉의 주 촬영지 중 하나로 알려져 더 유명해졌다.

해발 290m 위에 세워진 찌포리는 주변을 감시할 수 있고 방어에 유리한 우뚝 솟은 언덕에 자리했다. 이곳은 근처의 샘과 하천으로 수량이 풍부하고, 농지가 비옥하며, 교통이 사방으로 연결되는 요충지로 갈릴리의 중심지였다.

이곳의 카르도 왼쪽에는 나일강 축제를 모티브로 한 모자이크가 남아 있는 5세기 건축물, '나일 집'이 있다. 또 정면 언덕 위로 2백 년경 지어진 호화로운 대저택이 있고, 그 아래로는 1세기에 지어진 4천 5백 석 규모의 원형 극장과 십자군 요새가 있다. 더 아래로 내려가면 1세기부터 비잔틴 시대까지 유대인 공동체의 중심이었던 찌포리 회당이 있으며, 10km 넘게 이어지는 수로(Aqueduct)가 있다.

'목수의 아들'(마 13:55)로 태어나 '목수'(막 6:3)로 일하셨던 예수님은 찌포리를 잘 아셨고, 여기에서 일을 하지 않으셨을까 싶다. 당시 갈릴리 지역을 다스리던 분봉왕 헤롯 안디바가 이곳을 수도로 정하고 대대적인 정비 사업을 펼쳤기 때문이다. 찌포리에서 북서쪽으로 6km 정도 떨어진, 도보로 두 시간 거리의 나사렛에 사셨던 예수님은 아버지 요셉과 함께 강제 노역에 징집되셨으리라고 충분히 짐작된다.

예수님의 직업이 그리스어 '테크톤(Tecton)'이라고 할 때 그것은 나무 깎는 일을 하는 목수(Carpenter)가 아니라 건축 현장에서 노동을 하던 일반적인 '건설 노동자(Architect)'로 보는 것이 적절하다. 특히 갈릴리를 비롯한 이스라엘 곳곳의 많은 건축물이 나무가 아닌 돌로 만들어진 것에 비추어 볼 때 더더욱 목수는 나무 깎는 일을 하는 일꾼이 아닌 건설 현장의 막노동자 정도로 보아야 한다.

건설 노동자로 찌포리 건축 현장을 오가시던 예수님은 나사렛에서 흔히 볼 수 없었던 연극배우들이나 화려한 의상으로 치

여기저기 허물어진 곳이 있지만 여전히 소리의 울림이 살아 있는 4천 5백 석 규모의 찌포리 원형 극장, 그 위로 디오니소스의 집으로 불리는 대저택이 자리하고 있다.

장한 부유한 사람들의 모습을 목격하셨을 것이다. 그리고 사람들에게 보여지는 것이 전부인 듯 위선의 가면을 쓰고 살아가는 이들을 꾸짖으실 때 예수님은 자연스럽게 원형 극장의 연극배우를 떠올리셨을 것이다.

실제로 '외식하는 자(hypocrites)'는 연극배우가 무대에서 대꾸한다는 의미의 연극 분야 전문 용어인 그리스어 '휘포크라노마이(hypokrinomai)'에서 유래한 말이다. BC 4세기경 고대 그리스의 정치가 데모스테네스(Demosthenes)가 정치적 라이벌인 아이스키네스(Aeschines)를 조롱하기 위해 연극배우 출신인 그의 정치는 모두 연기라고 폭로하면서 이 단어를 썼다. 그래서 외식하는 자는 곧 '위선자', '~인 척하거나 ~을 가장한 사람'이란 뜻으로 각인되었다.

물론 어원적으로만 보면 '외식하는 자'란 천의 얼굴을 가진 사람을 뜻한다. 무대 위 공연을 위해 관객에게 보여지는 가면(Persona) 뒤에 본래의 자신을 감춘 사람을 의미한다. 겉모습으로는 본래의 인격(Persona)을 전혀 알 수 없는 사람을 뜻한다.

예수님은 당시 사람들이 일상에서 잘 쓰지 않는 외식하는 자라는 전문 연극 용어를 사용해서 겉은 아름답게 보이지만 속은 죽은 이들의 뼈와 온갖 더러운 것으로 가득 차 있는 회칠한 무덤 같은 종교인들을 책망하셨다(마 23:27). 더불어 구제와 기도, 금식 등 외적으로 드러나는 신앙 행위가 사람들에게 보이기 위한 연기가 아닌 은밀한 중에 보시는 하나님 앞에서 하는 진심이어야 한다고 가르치셨다(마 6:2, 5, 16).

삶은 결코 가면무도회일 수 없다. 사람들 앞에 보이기 위한 '외식과 위선'을 벗어 버리고 중심을 보시는 하나님 앞에 '진심'을 입어야 한다.

갈릴리의 모나리자

"너희는 스스로 조심하라 그렇지 않으면 방탕함과 술 취함과 생활의 염려로 마음이 둔하여지고 뜻밖에 그날이 덫과 같이 너희에게 임하리라" 눅 21:34

찌포리는 유대 역사학자 요세푸스가 '갈릴리의 장식품(Ornament of Galilee)'이라고 부를 만큼 아름답고 부유한 도시였다. 찌포리에서 가장 인상적인 것은 디오니소스(Dionysos)의 집으로 알려진 대저택의 화려한 바닥 모자이크이다. '갈릴리의 모나리자(Mona Lisa of the Galilee)'로 불리는 이 모자이크는 도시의 부유함을 확인시켜 주기에 충분했다. AD 2백 년경 세워진 이 건물은 바닥에 화려한 모자이크가 깔려 있고, U자 형태로 사람들이 둘러앉아 포도주를 마시면서 모자이크를 감상하며 연회를 즐길 수 있는 홀이 있는 대저택이다. 363년 지진으로 파괴된 이후 더 이상 사용되지 않아 상당 부분의 모자이크가 잘 보존될 수 있었다.

오랜 시간에 걸쳐 복구된 모자이크는 포도주의 신 디오니소

찌포리 대저택의 바닥 모자이크.
아래쪽 여인은 미의 여신 비너스를 떠올리게 하는 갈릴리의 모나리자이고
가운데 중앙에는 포도주의 신 디오니소스와 라이벌 헤라클레스가 술 마시기 내기를 하고 있다.

스를 위한 것으로 디오니소스와 목동의 신 판, 영웅 헤라클레스(Heracles) 등이 어울려 향연(饗宴)을 즐기는 장면이 담겨 있다. 갈릴리의 모나리자는 이 모자이크의 한 부분을 차지하는 것으로 젊고 혈색이 좋은 아름다운 여인의 모습이 미의 여신 비너스(Venus)를 묘사한 것으로 보인다.

고대 그리스와 로마에는 '함께 마시다'라는 뜻을 가진 '심포지엄(Symposium, 로마의 연회 Convivium)'이라 불리는 향연 문화가 있었다. 술과 여자 그리고 지혜가 어우러지는 상류층의 먹고 마시는 파티 문화였다.

만찬과 향연을 구분했던 고대 그리스 심포지엄의 주요 참가자는 30세 이상의 상류층 남성 시민이었다. 나이가 차지 않은 청년이나 술을 따르는 시종, 또는 엔터테인먼트를 위하여 고용된 기생들 및 예술가와 소리꾼 등 다양한 사람이 드나들었지만 시민 계급의 여성은 절대로 찾아볼 수 없었다. 이에 비해 고대 로마의 연회는 만찬 전후나 심지어 만찬 중에도 자유롭게 여성들이 참석 가능했다.

이런 향연 문화는 '무엇을 먹을까 무엇을 마실까'를 고민하며 시와 찬미와 철학을 논하는 자리였다. 포도주의 신 디오니소스와 사랑의 신 에로스(Eros)를 핑계 삼아 쾌락과 욕망을 즐기는 파티이기도 했다.

술 취함과 방탕함의 자리였던 향연은 약한 자들, 특히 식민지 백성의 삶을 힘과 권력으로 짓밟아 얻어 낸 자리였다. 그러므로 예수님의 "염려하여 이르기를 무엇을 먹을까 무엇을 마실까 무엇을 입을까 하지 말라"(마 6:31, 눅 12:29)는 말씀이나 바울의 "술 취하지 말라 이는 방탕한 것이니"(엡 5:18)와 "하나님께서 그들을 마음의 정욕대로 더러움에 내버려 두사"(롬 1:24~27)라는 말씀은 일상의 먹고 마시는 문제에 대한 단순한 권면이 아닌 향락적인 향연 문화를 배경으로 한 사회 문화적 말씀으로 재해석되어야 한다.

예수님은 "너희는 스스로 조심하라"라고 경계하셨다. 조심하여 깨어 있지 않으면 방탕함과 술 취함과 생활의 염려로 마음은 둔해지고, 뜻밖의 그날이 덫과 같이 임할 것이다. 술 취함과 방탕함 속에서 무엇을 먹을까 무엇을 마실까를 고민하고, 향연을 즐기며 살아가는 세상 부러울 것 없어 보이는 삶은 축복이 아닌 저주이다. 세상의 향락과 함께 어둠의 덫에 걸려서도 깨닫지 못하는 미련한 삶일 뿐이다. 우리의 꿈이 21세기 찌포리의 펜트하우스에서 쾌락의 향연을 즐기는 인생이라면 그것은 축복이 아닌 저주를 꿈꾸는 비참한 인생을 자초하는 것이다.

10 사랑을 알아 가는 땅, 갈릴리 호숫가

Galilee

하루는 제자들과 함께 배에 오르사
그들에게 이르시되 호수 저편으로 건너가자 하시매
이에 떠나 행선할 때에 예수께서 잠이 드셨더니
마침 광풍이 호수로 내리치매
배에 물이 가득하게 되어 위태한지라
눅 8:22~23

해 질 녘 노란빛으로 물들어 가는 갈릴리 호수와 고기잡이배,
이토록 잔잔한 호수도 바람과 함께 큰 풍랑이 일렁인다.

한낮의 갈릴리 호수는 시리도록 푸른 바다와 같다. 고대 도시 디베랴 유적지 언덕에 서서 바라보는 갈릴리 호수와 건너편 데가볼리 지경은 맑은 하늘과 잔잔한 물결이 착시 현상을 일으키며, 끝없이 이어지는 수평선 같은 느낌이다. 이렇게 푸르고 잔잔한 호수에 큰 풍랑이 일고, 배에 물이 가득 차 위태할 정도가 된다니 상상이 되질 않는다.

예루살렘 북쪽 약 150km 지점, 북부 요단 골짜기 심층부에 자리한 갈릴리 호수는 지중해보다 낮은 해저 210m의 해수면 높이를 가지고 있다. 동서 방향의 너비는 약 8~12km, 남북 길이는 약 21km에 달한다. 갈릴리 호수는 헐몬산에서 흘러내린 물이 모인 '호수'이지만, 성경에서는 호수와 바다를 혼용해서 사용했다. 히브리인에게 '바다'는 많은 물이 모인 곳이기도 했기 때문이다(참고, 왕상 7:23, 대하 4:2~5).

갈릴리 호수의 다른 이름이 디베랴 호수(요 21:1), 게네사렛 호수(눅 5:1), 긴네롯 바다(수 12:3, 13:27)라는 이야기는 사실이 아닌 오류이다. 속초 앞바다가 동해인 것처럼 디베랴 호수는 디베랴 앞, 게네사렛 호수는 게네시렛 앞, 긴네롯 바다는 긴네롯 앞 갈릴리 호수를 지칭할 뿐이다. 신약 시대 기준으로 갈릴리 호수에는 최소 열다섯 곳 이상의 선착장이 있었고, 여객선이 물결과 바람을 따라 오가는 뱃길이 정해져 있었다.

예수님이 호수 저편으로 건너가자고 하셨을 때는 이미 해가 저물고 있었다(마 4:35). 제자들은 호수를 건너면서 서쪽으로 지는 저녁노을에 노란빛으로 물들어 가는 호수를 바라보았을 것이다. 호수 한복판에 접어들었을 때는 이미 밤이었고, 먼 도시의 불빛만 반짝였다. 그때 갑자기 광풍이 호수로 내리쳐 제자들이 위태롭게 되었다.

갈릴리 호수 동쪽 데가볼리 지경은 급하고 높은 지형이고, 서쪽 지역은 완만하고 낮은 지형이다. 이런 지형 차이가 지열에 의한 온도 변화를 가져와 공기를 순환시킨다. 밀물과 썰물이 이는 바다처럼 오전에는 동쪽에서 서쪽으로 바람이 불고, 오후에는 서쪽에서 동쪽으로 물결이 밀려온다. 특히 겨울철에는 서쪽의 완만한 구릉 지대를 넘어온 바람이 상대적으로 가파른 동쪽(골란고원)을 넘어가는 과정에 돌풍과 풍랑이 일곤 한다.

제자들은 광풍에 얼마나 시달렸을까? 배에 물이 가득 차 위태로운 형편에서도 예수님은 잠들어 계셨다. 이런 상황에도 곯아떨어질 만큼 피곤하셨던 것일까? 아니면 어떤 형편에도 요동하지 않는 깊은 평안이 있으셨던 것일까? 잠에서 깬 예수님은 바람과 물결을 꾸짖어 잔잔하게 하셨다. 예수님이 어떤 분이시기에 바람과 물결까지도 순종하는 것일까?

예수님이 함께하시는 우리 인생의 배에도 때때로 광풍이 몰아친다. 그런데도 예수님은 아무런 요동도 없고 관심도 없으신 듯하다. 그러나 분명한 것은 예수님이 명령하시면 우리를 위태롭게 하는 바람과 물결이 순종한다는 사실이다. 예수님이 행하시는 모든 것을 이해하고 해석하려 하기보다 말씀하시는 그대로 믿는 것이 우리의 최선이다.

디베랴에서의 대화

"그 후에 예수께서 디베랴 호수에서 또 제자들에게 자기를 나타내셨으니 나타내신 일은 이러하니라" 요 21:1

AD 20년경 헤롯 안디바가 로마 황제 티베리우스에 대한 존경의 표시로 폐허가 된 고대 도시 위에 건설한 로마식 도시 디베랴를 찾았다. 발굴과 정비 사업이 중단된 상태로 출입에 제한이 있었지만, 원형 극장 유적은 찾아볼 수 있었다. 갈릴리 지방의 작은 로마이기도 했던 그곳에서 갈릴리 호수와 멀리 데가볼리 지경을 바라보며 이곳을 거니셨던 예수님을 떠올린다.

다음 날 먼동이 틀 무렵, 곧 여명이 밝아 오는 시간에 부활의 예수님이 베드로를 찾아오셨던 디베랴 성 앞 호숫가에 섰다.

그날의 이야기는 날이 새어 갈 때부터 시간의 흐름을 따라 이어진다. 로마를 닮은 작은 로마 디베랴 성에서 흘러나오는 불빛이 호수 건너편 골란고원에서 밝아 오는 햇살 덕분에 조금씩 희미해진다. 호수는 붉은빛으로 번져 가고, 세상은 잠시 붉은 물결 그 자체였을 것이다. 붉게 떠오르는 해를 보니 베드로의 얼굴빛이 그려진다.

호수 저편에서 떠오르는 붉은빛을 받은 그의 얼굴은 어떤 색이었을까? 타는 숯불 너머로 예수님의 얼굴을 바라보는 그의 얼굴은 어떤 색이었을까? 그의 얼굴도 떠오르는 해와 숯불의 붉은빛만큼 붉게 달아오르지 않았을까?

부활하신 예수님은 빵을 굽고 생선을 구워 놓으셨다. 베드로 일행이 막 잡은 생선도 더 구웠다. 예수님과 제자들은 빵과 생선을 함께 먹었다(요 21:9, 10, 13). 아침 식사를 마친 후 예수님과 베드로 사이에 대화가 이어진다.

"네가 나를 사랑하느냐?" 세 번이나 이렇게 물으실 때 베드로는 복받치듯 사무치는 사랑에 온몸이 붉게 타오르지 않았을까? 그날 베드로의 입술에서 흘러나온 "내가 주님을 사랑하는 줄을 주님께서 아시나이다"라는 고백은 타오르는 숯불처럼 자신을 다 불태울 때까지 어둠을 밝히는 빛이 되겠노라는 뜨거운 고백이 아니었을까? 사랑을 지킬 힘이 없어도 주님을 뜨겁게 사랑했던 베드로의 온몸은 그렇게 뜨겁게 타올랐을 것이다.

"내 양을 먹이라." 주님은 말씀하셨다. 주님의 숨결을 느끼고, 주님의 사랑으로 뜨거워진 제자에게 주님의 양을 먹이고 돌보라고 하셨다. 주님께서 거닐던 호숫가를 떠나 주님의 양들이 거니는 현장으로 가라고 하셨다.

"내가 진실로 진실로 네게 이르노니 네가 젊어서는 스스로 띠 띠고 원하는 곳으로 다녔거니와 늙어서는 네 팔을 벌리리니 남이 네게 띠 띠우고 원하지 아니하는 곳으로 데려가리라" 요 21:18

그렇게 주님을 뜨겁게 사랑하는 제자는 작은 로마 디베랴에

날이 밝는 시간 모압 산지에서 해가 떠오르며 붉게 물든 디베랴 호수, 작은 로마 디베랴 앞 호숫가에서 나눈 사랑을 따라 진짜 로마까지 이른 제자처럼 인생의 마지막 매듭이 아름답고 싶다.

서 나눈 사랑을 따라 진짜 로마에까지 이르게 된다. 그리고 그곳에서 사랑을 전하던 제자는 그 사랑을 따라 인생의 마지막 매듭을 지었다.

어느새 날이 밝았고, 해는 중천에 떠올랐다. 하루가 밝아 오는 가운데 베드로의 새로운 삶이 밝아 오는 것만 같았다. 디베랴 언덕에서 그날의 예수님과 베드로의 대화를 접하는 이들은 자연스럽게 베드로의 삶과 죽음을 떠올렸을 것이다.

|

부유한 도시 막달라

"그 후에 예수께서 각 성과 마을에 두루 다니시며 하나님의 나라를 선포하시며 그 복음을 전하실새 열두 제자가 함께하였고 또한 악귀를 쫓아내심과 병 고침을 받은 어떤 여자들 곧 일곱 귀신이 나간 자 막달라인이라 하는 마리아와 헤롯의 청지기 구사의 아내 요안나와 수산나와 다른 여러 여자가 함께하여 자기들의 소유로 그들을 섬기더라" 눅 8:1~3

갈릴리 주요 지역을 오갈 때마다 빠짐없이 지나쳐야 했던 도시가 '망대' 혹은 '고기잡이의 망루'를 뜻하는 막달라이다. 성경에 달마누다(막 8:10) 지방으로도 알려진 막달라는 주요 상업 무역로인 지중해 연안 해안 도로와 나사렛에서 가버나움을 잇는 길목에 위치하며, 어부와 상점 주인 그리고 마을 사람들로 가득 찬 활발한 도시였다.

헬레니즘 시대에 건설된 막달라는 AD 67년 1차 유대인 반란 때 로마의 티투스 장군에 맞서 대패하고 크게 파괴될 때까지 번성하는 어촌 마을로 성장했다. 염색과 직물 공장, 생선 저장 및 가공업 등이 발달한 부유한 도시 막달라에는 갈릴리 호숫가 여러 도시의 치안과 안전 관리를 위한 로마군 진영이 위치해 있었다.

많은 이들이 '막달라' 하면 떠올리는 인물이 있다. 바로 일곱 귀신이 나간 막달라인 마리아이다. 성경의 수많은 인물 가운데 그녀만큼 착각과 오해로 얼룩진 인물도 없을 것이다. 그동안 들어 보았던 몇 가지 질문들이 떠오른다.

① 막달라 마리아는 창녀였나요? 아니요, 알 수 없습니다.

로마군 진영이 있던 막달라에 성매매 여성들이 있었을 것이라는 추론으로 막달라 출신인 그녀를 창녀로 낙인찍는 것은 지독한 편견이다. 591년 교황 그레고리우스 1세가 그녀를 '회개한 창녀'로 설교한 것을 시작으로 영화 〈그리스도 최후의 유혹〉에 이르기까지 수많은 설교와 예술 작품에서 그녀를 창녀로 그렸다. 이것은 확증 편향의 일방적인 왜곡일 뿐이다. 로마 교황청조차도 1988년 그녀를 '사도 중의 사도'로 격상시켰다.

② 막달라 마리아는 예수님의 연인(戀人)이었나요? 아니요, 알 수 없습니다.

영화 〈패션 오브 크라이스트〉나 〈막달라 마리아: 부활의 증인〉 같은 작품에서는 드라마적 상상과 재미를 위해 그녀를 예

아르벨산에서 내려다본 갈릴리 호숫가 마을 막달라 지역. 비교적 최근인 2009년 갈릴리에서 가장 오래된 유대인 회당이 발굴되었다.

수님의 연인처럼 그려 놓았다. 그러나 이 또한 상상 그 이상도 이하도 아닌 허구(Fiction)이다. 영화가 역사를 담을 수는 있어도 영화는 영화일 뿐 역사적 사실(Fact)은 아닐 수 있다.

③ 막달라 마리아는 예수님께 향유를 부었나요? 아니요, 알 수 없습니다.

고정관념 속 착각으로 설교자와 성도들이 예수님께 향유 옥합을 깨뜨려 부었던 여인을 막달라 마리아라고 생각한다. 그러나 마태복음 26장, 마가복음 14장, 요한복음 12장에 나타나는 이 사건은 하나의 사건에 대한 서로 다른 기록으로 보이며 향유를 부은 여인은 '나사로의 동생 마리아'였음이 분명해 보인다. 여러 정황이 다르게 기록된 누가복음 7장의 '죄를 지은 여자'가 누구냐가 문제이다. 다만 명확한 증거 없이 죄를 지은 여자를 막달라 마리아로 추론하는 것 또한 근거가 빈약하다.

④ 막달라 마리아는 예수님의 제자였나요? 네, 그렇습니다.

막달라 마리아는 성경에서 명시적으로 세 차례 등장한다. 예수님 덕분에 일곱 귀신이 나간 후에 자신의 소유로 예수님을 섬기는 마리아(눅 8:1~3), 십자가 곁에서 예수님의 죽음을 마지막까지 지켜본 마리아(마 27:56, 61, 막 15:40, 47, 요 19:25), 그리고 부활하신 예수님을 처음으로 만난 부활의 증인 마리아(마 28:1, 막 16:1, 눅 24:10, 요 20:1, 11~18)로 등장한다.

이 장면들로 막달라 마리아의 삶을 재구성해 본다면 그녀는 자신의 정신 질환을 고쳐 주신 예수님을 열렬히 따른 제자였다. 베드로를 비롯한 다른 제자들이 예수님을 외면하고 도망가는 위급한 상황에서도 십자가 아래에 있었던 용기 있는 제자이 기도 했다. 또 부활한 예수님이 부활의 증인으로 삼아 자신의 모습을 가장 먼저 보이시고 다른 사도들에게 '부활'을 증거하도록 세운 가장 신뢰하시는 제자였다.

막달라 마리아, 그녀는 제자 중의 제자이다. 여성이라는 이유만으로 그녀의 제자 됨을 의심하고 왜곡하는 것은 무지한 폭력일 뿐이다. 또한 오늘 우리 주변의 또 다른 막달라 마리아를 향해 여성이라는 이유만으로 오해하고 착각하며 왜곡된 이미지를 덧씌운다면 그 역시 무지한 폭력일 뿐이다.

게네사렛 호숫가

"무리가 몰려와서 하나님의 말씀을 들을새 예수는 게네사렛 호숫가에 서서" 눅 5:1

한여름 오후 갈릴리 호수에서 배를 타기 위해 게네사렛 선착장을 찾았다. 이곳은 기념품 가게와 카페, 다양한 상점들이 있어 많은 사람이 오가던 디베랴 선착장과 달리 돌무화과나무와 야외 조형물이 어우러져 고즈넉한 분위기다. 차분한 갈릴리 호수를 느낄 수 있는 곳이다.

선착장으로 가는 길목에 키부츠 기노사르의 이갈 알론(Yigal Alon) 박물관이 있다. 이 박물관은 갈릴리 호수에서 건져 올렸다는 1세기의 배 한 척으로 유명하다. 고대의 어부들이 사용했을 이 배는 1986년 갈릴리 호수 북서쪽 게네사렛과 막달라 사이 진흙 펄에서 발견되었다. 당시 가뭄으로 갈릴리 호수의 수위가 줄어들면서 한 아마추어 고고학자에 의해 발견되었는데, 조사 결과 BC 50년에서 AD 70년 사이에 사용된 것으로, 즉 예수님이 갈릴리 호수를 오가던 시대에 사용된 배가 분명했다.

배의 길이는 8.27m, 너비는 2.3m, 최대 보존 높이는 1.3m로 일고여덟 명이 넉넉히 타고 가까운 지역을 오갈 수 있는 크기였다. 배의 재료를 분석한 결과, 표면은 10여 종의 나무로 만들어졌다. 레바논의 백향목, 떡갈나무, 소나무, 쥐엄나무, 월계수 등을 깎아 붙여 만들었다. 자투리 나무들을 모아서 만든 듯했다. 배의 이음새 하나하나에 못을 박은 모양을 보면 굉장히 견고하고 정교하게 만들어졌고, 배의 뒤쪽 밑면은 무게 중심을 잡을 수 있도록 설계되어 있어서 더욱 놀라웠다.

박물관을 지나 한 시간 남짓 갈릴리 호수에 배를 띄웠다. 게네사렛 선착장을 출발해서 호숫가를 따라 북쪽 가버나움 인근을 돌아보았다. 오후의 밝은 햇살 아래 높이 솟은 아르벨산과 나사렛 방향 순례길을 조망하며 주님의 숨결을 느낄 수 있었다. 사방이 활짝 열린 갈릴리 호수의 바람과 풍광을 보니 이곳이 호수가 아닌 바다로 불렸던 까닭을 조금은 알 것 같다.

갈릴리 호수 중 게네사렛 마을 앞에 닿아 있는 게네사렛 호숫가는 비옥한 게네사렛 평야와 이어져 있어 수심이 깊지 않고, 완만한 경사를 보인다. 호숫가의 수심이 이다나 다 똑같지는 않다. 이곳의 완만한 경사지는 주변에서 모여든 물에 의해 토사가 밀려오며 형성된 것으로 보인다.

하루는 예수님이 이곳 게네사렛 호숫가에서 어부들이 두 척의 배에서 사용한 그물 씻는 것을 보셨다. 그들은 밤새 그물질하며 고기를 잡다가 이제 막 호숫가로 들어와 내일의 생업을 위해 그물을 씻고 있었다. 그중 시몬의 배에 오르신 예수님은 육지에서 조금 떼기를 청하고 무리를 가르치셨다(눅 5:1~3).

말씀을 마치신 예수님은 시몬에게 "깊은 데로 가서 그물을 내려 고기를 잡으라"라고 하셨다(눅 5:4). 깊은 데로 가라는 말씀은 무슨 뜻일까? 문자적으로 수심(水深)이 깊은 곳을 뜻하는 것일까? 그 시절 어부들은 갈릴리 호수의 수심을 다 꿰뚫고 있었을까?

게네사렛 호숫가에 서서 그날의 말씀을 다시 생각한다. 예수님과 시몬 베드로를 비롯한 어부들이 있던 자리에 서자, 깊은 데로 가라는 말씀은 과학적이고 수학적인 개념어가 아니었다. 그보다는 "저 뒤쪽으로, 저 안쪽으로 더 들어가라"라는 자연스러운 일상어가 아니었을까? 성경의 동서남북이 나침반으로 확인해야 하는 좌표가 아니라 '전후좌우' 방향을 뜻하는 일상어이듯 성경의 많은 표현은 일상의 자연스러운 표현으로 이해해야 한다.

어쨌든 시몬은 자신의 경험에 반하는 말씀을 의지하여 그물을 내렸고, 그물이 찢어질 만큼 많은 고기를 잡았다. 그때 시몬 베드로는 예수님의 무릎 아래 엎드려 고백했다. "주여 나를 떠

사람들이 여유롭게 수영을 즐기는 한지한 게네사렛 호숫가.
부르심을 온전히 따르는 것은 일상의 익숙함과 여유를 버려두는 것이다.

나소서 나는 죄인이로소이다" 예수님은 놀라고 무서워하는 시몬에게 말씀하셨다. "무서워하지 말라 이제 후로는 네가 사람을 취하리라" 배를 육지에 댄 제자들은 모든 것을 버려두고 그 길로 예수님을 따랐다(눅 5:5~11).

이 장면을 마음으로 그려 보며 예수님을 따른다는 것에 대해 곰곰이 묵상해 본다. 예수님을 따름은 자신의 경험과 생각을 내려놓고 예수님의 말씀을 의지하는 것이다. 예수님을 따름은 크신 주님 안에서 자신을 보고 예수님의 무릎 아래 엎드리는 것이다. 예수님을 따름은 자신이 잡은 것을 버려두고 부르심을 온전히 따르는 것이다.

|

고라신의 회당

"화 있을진저 고라신아 화 있을진저 벳새다야 너희에게 행한 모든 권능을 두로와 시돈에서 행하였더라면 그들이 벌써 베옷을 입고 재에 앉아 회개하였으리라" 마 11:21

갈릴리 호수로부터 4km 정도 떨어져 있으며 호숫가보다 270m 정도 높은 산 중턱에 자리 잡은 고대 도시 고라신을 찾았다. 이곳은 예수님의 제2의 고향으로 알려진 가버나움에서 지중해 연안 이방인의 도시 두로와 시돈으로 향하는 길목에 위치한 도시다.

갈릴리 호수 북쪽 지역 일부와 북동쪽 지역(골란고원)은 용암 분출로 인해 제주도 같은 검은 현무암으로 이루어져 있다. 갈릴리를 '현무암의 땅(Land of Basalt)'이라고 부르는 이유이기도 하다. 우기철 끝자락, 봄을 맞은 갈릴리 들판 곳곳은 온통 겨자꽃이 흐드러지게 피어 있었다. 검은 현무암과 어우러진 겨자꽃밭은 제주도의 유채꽃밭 같았다. 고라신은 4천여 년 전부터 사람이 거주하기 시작한 아주 오래된 고대 도시다. 풍광이 아름다운 이곳은 주요 밀 경작지이기도 해서 예수님 당시에도 부유하고 큰 도시였다.

고라신 유적지에 들어서면 온통 검은 돌로 이루어진 도시가 눈에 들어오고, 큰 나무 그늘을 지나면 아치형 가옥과 그 아래 정결탕(Mikvah)이 보인다. 당시 유대인은 정결탕을 거쳐 회당에 들어갔는데 이것이 세례의 원형으로 연결되기도 한다. 정결탕을 지나면 돌로 파서 만든 포도즙 틀(Wine press)이 있고, 조금 더 걷다 보면 현무암으로 지어진 유대인 회당과 '모세의 자리'로 알려진 돌의자가 눈에 들어온다.

회당은 유대인 거주지에서 발견되는 건물을 가리키기도 하고, 열 명 이상 유대인 남성 모임을 일컫는 말이기도 하다. 오직 예루살렘에만 있었던 성전과는 달리 회당은 유대인 거주지마다 존재했다. 성전이 없어진 이후 유대인이 함께 모이는 장소이자 모임 자체였던 회당은 BC 1세기 전후 유대인들의 종교적, 정치적 구심점으로 자리 잡았다.

일반적으로 회당 건물은 중앙을 중심으로 두 줄의 기둥이 세워져 있고, 건물 벽면을 따라 계단이 벤치 형태로 깎여 있거나 돌을 쌓은 벤치가 있다. 이러한 벤치는 회당에 모이는 회중이 벽면을 따라 둘러앉을 수 있도록 배려한 것이다.

회당에는 회당장이 있어서 집안 대대로 회당에 대해 책임을 졌다. 회당장은 회당에서 이루어지는 의식을 주관하는 공동체의 우두머리 역할을 했다. 유대인은 회당장의 인도 아래 회당에서 기도했고(마 6:5), 안식일과 절기에 함께 모여 예전을 행하고 식사를 나누었다. 때로는 회당에서 재판이 행해지기도 했는데, 예수님도 회당에서 채찍질이 있으리라는 말씀을 하기도 하셨다(마 10:17).

회당에서 이루어지는 대표적인 활동은 토라를 읽고 토론하는 것이다. 예수님 역시 회당에서 율법을 읽고 토론하는 모습을 자주 보이셨다. 사도행전을 보면 스데반과 바울 그리고 다른 사도들이 회당을 찾아 성경을 읽고 토론하며 복음을 전파했음을 알 수 있다.

이런 회당에는 랍비들 곧 서기관이나 바리새인 혹은 회당장이 율법을 읽는 '회당의 높은 자리'(마 23:6, 막 12:39, 눅 11:43, 20:46)가 있다. 율법 읽는 사람을 높은 자리에 둔 것은 율법에 대한 존경심의 표현이었을 것이다. 율법을 읽고 나면 강론과 토론이 이어졌다.

예수님은 랍비들이 회당에서 율법을 읽고 가르칠 때 앉는 높은 자리를 두고, 마치 자신들만 모세의 권위를 독점적으로 계승한 것처럼 오만하게 처신하는 바리새인과 서기관을 꾸짖는 의미에서 '모세의 자리'(마 23:2)라고 풍자하셨다. 스스로 하나님의 자리에 앉아 율법 감별사를 자처하는 이들을 엄하게 꾸짖으셨던 것이다.

예수님은 사람들에게 보이고자 하는 그들의 모든 행위를 본받지 말라고 하셨다. 그들은 잔치의 윗자리와 회당의 높은 자리와 시장에서 문안받는 것과 랍비라 칭함받는 것을 좋아할 뿐이었다. 말만 하고 행하지 않는 그들은 다른 이의 어깨에 무거운 짐을 지울 뿐이었다. 그들은 천국 문을 사람들 앞에서 닫고, 자신도 들어가지 않고, 들어가려 하는 사람도 들어가지 못하게 했다(마 23:3~13).

일찍이 예수님은 이곳 고라신에서 많은 권능을 행하셨으나 그들은 회개하지 않았다. 차라리 이런 권능을 두로와 시돈에서 행하셨더라면 그들은 벌써 회개했을 것이다. 두로 지방에는 부스러기라도 구하던 수로보니게 족속 여인이 있었지만(막 7:24~30), 고라신에는 아무도 없었다.

권능을 가장 많이 행하셨던 도시들이 회개하지 않는 것을 보며 안타까움에 책망하시는 예수님의 슬픔이 오늘날 한국 땅을 향한 탄식으로 느껴진다. 예수님의 책망은 저주가 아닌 가슴 아린 탄식이었다. 이 탄식이 우리의 소망이다. 예수님이 행하시는 기적의 권능을 보고는 회개하지 못했어도 탄식의 아픔을 듣고는 회개할 수 있으면 좋겠다.

검은색 현무암으로 지은 고라신의 기둥만 남아 있는 유대인 회당,
전통의 껍데기만 남은 형식적인 신앙이 아닌 복음의 뜨거움이 살아 있는 생명의 신앙이어야 한다.

오병이어 현장 벳새다 들녘

"사도들이 돌아와 자기들이 행한 모든 것을 예수께 여쭈니 데리시고 따로 벳새다라는 고을로 떠나가셨으나" 눅 9:10

갈릴리를 방문한 여행객들이 오병이어 모자이크를 보기 위해 찾는 1천 6백 년 된 타브가의 '오병이어 교회(Church of the Multiplication)'가 아니라, 바로 오병이어의 현장 벳새다 들녘을 찾았다. 한여름의 뜨거운 햇살 아래 추수를 마친 들녘의 밀밭 사이를 걸었다. 헐몬산의 샘물이 흘러내리는 상부 요단강과 갈릴리 호수가 만나는 저지대 호숫가에는 갈대가 무성하게 자라고 있었다. 갈대 수풀을 헤치고 들어서자 벳새다 유적이 드러났다. 고대의 집터와 유적들이 있는 그곳은 아직도 발굴이 진행되고 있었다.

갈릴리 저지대인 벳새다 들녘에 서니 산 위의 마을들이 병풍을 두른 듯 한눈에 들어온다. 이렇게 오병이어 기적의 현장에 서서 그날의 사건을 재구성해 본다.

① 오병이어 사건은 언제 일어났나요?

유월절이 가까운 3~4월(요 6:4) 들녘에서 밀이 익어 갈 무렵, 날이 저물어 갈 때부터 이미 저문 저녁에 일어났다(마 14:15, 눅 9:12). 달빛과 별빛에 의존하며 서로의 모습도 제대로 확인할 수 없는 시각이어서, 누군가가 전해 주는 빵과 생선의 출처를 알

길이 없었다.

② 오병이어 현장은 어디였나요?

디베랴의 갈릴리 바다 건너편(요 6:1) 벳새다의 빈 들에서 일어났다(마 14:13, 막 6:35, 눅 9:12). 벳새다는 상부 요단강 오른쪽 지역의 손꼽히는 호반 도시로 번영했던 곳이다. 베드로와 안드레 그리고 빌립이 이곳 벳새다 출신으로 알려져 있다(요 1:44). 놀라운 기적이 일어난 현장인 빈 들은 황량한 허허벌판이 아닌 비옥한 들판 곧 벳새다에 가까운 주변 들녘이다.

③ 오병이어 현장에 사람이 얼마나 있었나요?

남자만 5천 명, 여자와 어린아이들까지 1만 명은 족히 넘었다(눅 9:14). 당시 벳새다, 고라신, 가버나움, 디베랴, 막달라 같은 지역에는 로마군이 주둔하며 치안을 맡고 있었다. 엄청난 규모의 사람들이 모여들자, 벳새다 성의 로마 치안 당국은 극도의 긴장 상태였을 것이다. 이런 대규모 인원이 모인다는 것 자체가 치안에 위협적이었기 때문이다.

④ 물고기 두 마리와 보리 빵 다섯 개를 내어놓은 어린아이는 어떤 형편이었나요?

그 아이는 나름 살 만한 집, 적어도 가난한 집 아이는 아니었다. 물고기 두 마리는 살아 있는 생선이 아닌 건어물이었을 것이다. 게네사렛이나 벳새다에는 건어물 산업으로 부를 축적한 이들이 있었다. 그 아이는 이런 곳에서 건어물을 챙겨서 먹거리로 갖고 다닐 수 있는 살 만한 집 아이였다.

밀과 보리 또한 귀한 곡식이었다. 밀과 달리 보리는 재배 공간이 넓지 않았다. 보리는 물이 나름 넉넉하게 공급되는 밭에서 재배되었다. 반면 밀은 메마른 땅에서도 자란다. 날마다 빵 한 조각 먹을 수 있는 것이 기도 응답이고 기적이던 시대, 빵 다섯 개를 갖고 있던 아이가 가난한 집안 아이일 리 없다.

⑤ 오병이어 현장의 바구니는 어떤 것이었나요?

남은 조각을 담은 바구니는 파피루스, 갈대, 대추야자 잎 등으로 엮어서 만든 둥근 도시락 바구니였다(마 14:20, 막 6:43, 눅 9:17, 요 6:13). 이는 혹시라도 부정한 음식을 먹지 않기 위해 챙겨 다니던 유대인의 음식 바구니였다. 일반인들이 사용하던 음식 바구니는 광주리라고 불렀다(마 15:37, 막 8:8).

오병이어 기적은 건어물 두 마리와 보리 빵 다섯 개로 5천 명이 먹었다는 사실에 그치지 않는다. 누구와 빵을 같이 먹느냐가 자신의 존재를 보여 주던 체면 문화가 여전하던 시절, 예수님은 종종 여러 사람과 빵을 나누셨다. 빵을 나누어 먹는 것은 인종이나 성별의 차이, 사회적 신분의 차이를 넘어 하나 되는 사건이다.

더욱이 빵을 떼고 남았다는 것은 그들 모두가 빵과 생선을 충분히 누렸다는 뜻이다. 벳새다 들녘에서 이전까지 체험하지 못했던 누림이 있었던 것이다. 인종, 성별, 지역, 계층, 계급의 차이가 나는 다양한 사람들 모두가 함께 풍성한 식탁 공동체를 누렸다.

오병이어 기적 사건의 현장인 갈릴리 호숫가 저지대 마을 벳새다 들녘,
밀 추수기 끝나고 노란 겨자꽃이 떨어진 자리에 씨를 가득 머금은 겨자 풀만 가득하다.

산상수훈 언덕

"백합화를 생각하여 보라 실도 만들지 않고 짜지도 아니하느니라 그러나 내가 너희에게 말하노니 솔로몬의 모든 영광으로도 입은 것이 이 꽃 하나만큼 훌륭하지 못하였느니라" 눅 12:27

예수님이 산상수훈을 말씀하셨다는 팔복산 자락 '산상수훈의 언덕(Ein Nur Observation)'에 올라 갈릴리 호수를 바라보았다. 이곳에서 위쪽으로 1.5km 정도 올라가면 예수님의 팔복을 기념하여 세운 '팔복 교회(Church of the Beatitudes)'가 있지만, 그날의 예수님과 제자들을 좀 더 느끼고 싶어 가시덤불 사이로 길을 내며 산상수훈의 언덕을 올랐다.

갈릴리 서쪽 산상수훈의 언덕에 서신 예수님은 들에 핀 백합화를 생각해 보라며 "솔로몬의 모든 영광으로도 입은 것이 이 꽃 하나만큼 훌륭하지 못하였느니라"라고 말씀하셨다. 흔히 '백합화(lily, 나리꽃)' 하면 떠오르는 색감은 흰색이다. 예배당 강단 꽃 장식을 할 때도 예수님을 상징하는 꽃으로 순백의 백합화를 사용하는데, 사실 예수님이 말씀하신 백합화는 이스라엘의 들판에 흐드러지게 피어 있는 붉은 아네모네꽃이다. 백합화(百合花)는 여러 들꽃을 통칭하는 동시에 특정하게는 양귀비꽃을 닮은 붉은색 아네모네꽃을 가리킨다. 그래서 한자로도 흰 백(白)이 아닌 일백 백(百)으로 적고 있다.

예수님 당시 붉은빛 옷은 누구나 입을 수 있는 옷이 아니었다. 자색, 붉은빛 옷은 조선 시대 용포(龍袍) 같은 황제의 옷이었다. 아무 돌보는 이 없어도 광야의 들판에 만발한 붉은빛 백합화의 아름다움은 권력과 부를 다 가진 로마 황제 아니 솔로몬이 입었던 화려한 영광의 옷으로도 비교할 수 없을 만큼 훌륭했다.

하나님 아버지는 오늘 잘 있다가 내일 아궁이에 던져지는 들풀도 이렇게 아름다운 꽃으로 입히는 분이시다. 하나님은 참새 다섯 마리가 두 앗사리온에 팔리는 그 하나도 잊어버리지 않으시고, 우리의 머리털까지도 세신다(눅 12:6~7).

로마의 화폐 단위인 앗사리온은 데나리온의 1/16에 불과한 낮은 단위였다. 참새 두 마리가 한 앗사리온에 팔리는데(마 10:29) 오늘은 두 앗사리온에 다섯 마리가 팔렸다면, 이때 하나님이 잊어버리지 않는 '한 마리'는 끼워서 파는 덤이었다. 그때나 지금이나 덤으로 끼워 주는 참새가 멀쩡한 참새였을 리 없다. 그런데 그 한 마리, 제 가치를 인정받지 못하는 존재도 하나님은 결코 잊지 않으셨다.

하나님이 우리의 머리털까지 세신다는 것은 수학적인 엄밀성을 가진 표현이 아니다. 물이 귀했던 시절 목욕이나 머리 감기는 그야말로 연중행사일 정도여서 머리털에 이(Sucking lice)가 끓기도 했다. 한국에서도 이런 상황이 일상이던 때가 있었다. 2천 년 전 로마 제국의 식민지 땅도 별반 다르지 않았을 것이다. 그런 시대에도 아이들의 꼬이고 헝클어진 머리털을 한 올

한 올 골라 주던 손길이 있었다. 바로 어머니의 손길이다. 씻겨 주고 빗겨 주고 손질해 주는 엄마와 딸의 모습은 정겹기만 하다. 그렇게 우리의 머리털까지 살피시는 정겹기 그지없는 분이 하나님이시다.

아무짝에 쓸모없는, 상품 가치가 없는 그 참새 한 마리에게도 눈길을 주시는 하나님은 머리털 한 올 한 올 다 세는 듯 자녀를 돌보신다. 사람 목숨을 참새 한 마리 취급도 안 하던 그 시절 참새보다 못한 존재, 상품성이 없어 덤으로 끼워 팔리는 그 신세보다도 처지가 형편없는 이들도 하나님은 잊지 않으시고, 눈여겨보며 따스한 손길로 품으신다.

예수님은 들의 백합화와 함께 공중을 나는 까마귀를 가리키며 무엇을 먹을까 무엇을 입을까를 구하지도 말며 근심하지도 말라고 하셨다(눅 12:29). 예수님의 말씀에서 무엇을 먹을까 무엇을 마실까 무엇을 입을까 근심하는 이들은 이스라엘 백성들이 아닌 세상 사람들 곧 이방인이었다(마 6:31~32, 눅 12:30). 예수님이 세상 사람으로 칭한 로마 귀족은 소비를 즐기며 살았다. 배고프지 않기 위해 먹고 벌거벗지 않기 위해 입는 것이 아니라 먹고 입는 것으로 즐거움을 삼았고, 자기만족과 쾌락을 위해 무엇을 먹을까 무엇을 입을까를 고민하던 이들이었다. 그야말로 하나님과 재물을 겸하여 섬기며 세상을 즐기려는 이들이 무엇을 먹을까 무엇을 입을까를 근심했다.

예수님이 구하지도 말고 근심하지도 말라고 하신 것은 생활의 걱정거리가 아닌 하나님과 재물을 겸하여 섬기려는 탐욕적

산상수훈의 언덕 표지석 옆에서 다시 듣는 팔복,
'저 사람은 복 있는 사람이다'라고 할 때 우리는 어떤 사람을 떠올리는가?

봄철 갈릴리 서쪽 들판에 흐드러지게 핀 백합화(ⓒ김동문).
흰색의 나리꽃이 아닌 광야의 들꽃 그중에서도 붉은색 아네모네꽃이다.

욕망이다. 이미 가진 것이 충분함에도 끝없이 더 가지려는 탐욕을 멈추라는 말씀이다. 움켜쥔 것을 빼앗길까 염려하는 탐욕의 투덜거림을 멈추라는 말씀이다. 자신이 가진 것을 당연하게 생각하고 가지지 못한 이들에게 위세를 떠는 허례를 돌이키라는 말씀이다.

진정 하나님이 우리를 돌보심을 믿는가? 아궁이에 던져질 들풀이나 참새 한 마리보다 우리를 귀하게 살피시는 하나님의 손길을 진정 믿고 있는가? 세상 아무짝에도 쓸모없을 것 같은 우리의 머리털까지 세시며 우리를 돌보심을 믿고 있는가? 그렇다면 세상 사람처럼 먹고 마시고 입는 것으로 즐거움을 삼으려는 근심을 내려놓아야 한다. 소비하는 것으로 행복을 얻으려는 염려를 멈추어야 한다. 하나님과 재물을 겸하여 섬기려는 탐욕을 끊어 내야 한다.

베드로 수위권 교회

"주께서 돌이켜 베드로를 보시니 베드로가 주의 말씀 곧 오늘 닭 울기 전에 네가 세 번 나를 부인하리라 하심이 생각나서 밖에 나가서 심히 통곡하니라" 눅 22:61~62

산상수훈의 언덕에서 없는 길을 내며 호숫가로 내려와 물이 교회 벽에 부딪힐 정도로 호수와 맞닿아 있는 '베드로 수위권 교회(Church of the Primacy of Saint Peter)'를 찾았다. 비록 이곳이 그곳(디베랴 앞 호숫가, 요 21:1)은 아니지만, 예수님이 숯불에 생선과 빵을 구워 조반을 챙겨 주신 일을 떠올리게 하는 그리스도의 식탁(Mensa Christi)이라 불리는 바위, 그리고 예수님이 베드로에게 안수하시는 인상적인 장면을 묘사한 청동 동상을 바라보며 예수님이 자기 사람을 끝까지 사랑하신 그 밤을 떠올린다.

베드로는 누구보다 열정적으로 예수님을 따랐다. 그런데 예수님은 그에게 "오늘 닭 울기 전에 네가 세 번 나를 모른다고 부인하리라"라고 하셨다(눅 22:34). 그 밤에 예수님을 멀찍이 따라가던 베드로가 세 번째 예수님을 "알지 못하노라"라고 할 때 정말로 닭이 울었다. 닭 우는 소리가 들리자 예수님은 돌이켜 베드로를 보셨고, 그는 주님의 말씀이 생각나 밖에 나가 통곡했다(눅 22:54~62).

'닭 울기 전'이란 언제일까? 가축 닭이 우는 시간을 말하는 것일까? 닭은 정말 새벽에 우는 것일까? 유대 문헌에 따르면 부정한 짐승으로 여겨져 닭은 거룩한 성 예루살렘에서 키우지도 못했다는데 이 닭 울음소리는 어떤 소리였을까?

로마 제국은 로마군의 근무 시간을 기준으로 밤을 나누었다. 1경(저물 때)은 밤 6~9시, 2경(밤중)은 밤 9~12시, 3경(닭 울 때)은 밤 12~3시, 4경(새벽)은 새벽 3~6시였다(막 13:35). 로마군은 3경이 끝날 때와 4경이 끝날 때 두 번 나팔을 불어 보초 교대 시간을 알렸는데 이것을 갈리치니움(Gallicinium) 곧 '닭 울음소리'라고 불렀다.

베드로 수위권 교회 앞마당 조각가 아르투로 마르티니의 청동 동상, 예수님께서 베드로에게 안수하며 기름 부어 주시는 모습이 인상적이다.

한편 예루살렘 성전에서는 먼동이 트는 시간에 성전 임무가 시작됨을 알리기 위해 양각 나팔을 불었다. 굳게 닫혀 있던 예루살렘 성전 문이 열리면 제사장은 성전 남서쪽 귀퉁이의 나팔 부는 자리에서 소리 높여 외쳤다. "모든 제사장은 희생제물을 준비하시오. 모든 레위인은 자기 위치로 가시오. 모든 이스라엘 백성은 제사드리러 오시오." 이 당직 제사장을 일컬어 '성전 외침이'라고 불렀다.

따라서 '닭 울기 전'은 로마군의 갈리치니움이나 성전 외침이의 소리로 볼 수 있다. 닭 울기 전이란 아직 여명이 밝아 오지 않은, 먼동이 트기 시작하는, 밤이 끝나는 시간 곧 미명의 시간을 말한다. 그런데 미명과 여명 그리고 아침 가운데 사물이 가장 선명하게 보이는 시간이 미명이다. 바로 그 시간에 예수님은 베드로를 보셨고 그는 주님의 말씀이 생각나서 심히 통곡했던 것이다.

무엇이 베드로를 그렇게 통곡하게 했던 것일까? 한없이 강하게만 보였던 베드로가 어찌 그날 그렇게 처절하게 통곡하며 울었던 것일까? 그 새벽에 베드로가 쏟아 낸 통곡은 어떤 눈물이었을까?

그것은 자신의 연약함과 한계를 직면한 돌이킴의 눈물이었다. 사랑하지만 사랑을 지킬 능력이 없는 연약함, 자신 있게 말했지만 자기 말을 지킬 수 없는 한계성, 그 연약함과 한계성을 정직하게 직면한 영혼의 눈물이었다.

동시에 그것은 그렇게 연약한 자신을 향해 보여 주신 한없는 사랑으로 인한 눈물이었다. 자신을 바라보시는 예수님의 눈빛에서 주체할 수 없는 사랑을 보았기 때문이었다. 흔들리는 제자를 비난하거나 조롱하지 않으며 안타까워하는 사랑, 연약한 제자의 돌이킴을 위해 기도를 멈추지 않는 사랑, 자기 사람을 끝까지 사랑하는 포기하지 않는 사랑이었다. 그날 베드로는 연약한 자신을 보시는 예수님의 눈가에 맺힌 깊은 사랑의 눈물을 보았던 것이다.

11 다시 시작하는 땅, 가이사랴 그리고 욥바

가이사랴에 고넬료라 하는 사람이 있으니
이달리야 부대라 하는 군대의 백부장이라
그가 경건하여 온 집안과 더불어
하나님을 경외하며 백성을 많이 구제하고
하나님께 항상 기도하더니
행 10:1~2

헤롯 궁전터에서 바라본 가이사랴 해변, 멀리 십자군 시대 성채가 보이는 곳이 항구이다.

갈멜산의 무흐라카 수도원에서 남서쪽 지중해 연안으로 40km 떨어진 곳에 가이사랴 항구가 있다. 비옥하고 광활한 샤론 평야 북쪽에 위치한 가이사랴는 헤롯 대왕이 로마와의 활발한 교류를 위해 12년에 걸친 대역사로 건설한 당대 최고의 인공 항구 도시다. 지금은 도시 일부가 바닷물 속에 잠겨 있지만, 옛 항구의 윤곽을 보면 2천 년 전의 것이라고는 믿기지 않을 정도이다.

유대 역사가 요세푸스에 의하면 가이사랴에 로마 건축 양식을 따라 야외 원형 극장, 신전, 마차 경기장, 정교한 수로와 인공 항구 등이 건설되었고, 백색의 대리석으로 지어진 화려한 궁전이 있었다고 한다. 이스라엘의 해안가 특성상 배가 정박할 수 있는 항구가 있을 수 없어 한동안 요세푸스의 기록 자체를 믿지 못했지만, 현대에 이르러 육상과 수중에서 진행된 대대적인 발굴 작업을 통해 그의 기록이 역사적 사실임이 확증되었다.

이스라엘 땅에서 지중해를 거쳐 로마 각지로 가는 관문 도시 역할을 하던 가이사랴는 로마 제국이 통치하는 5백여 년 동안 중앙에서 파견한 총독이 머무는 행정 수도였으며 국제 행정의 중심지였다. 구약 시대 지중해 연안의 대표적인 항구 도시로 유대인들이 주로 거주하던 욥바(Jaffa)와 달리 로마화된 신도시인 가이사랴에 거주하던 주민은 대다수가 이방인이었다.

이 가이사랴에 거주하는 주민 가운데 로마 주둔군 장교인 백부장 고넬료가 있었다. 명문 가문 출신으로 순혈의 로마인이었던 그는 '하나님을 경외하는 사람'이었다(행 10:2). 아직 유대

교로 개종하지는 않았지만, 자신이 근무하던 가이사랴에서 만난 유대인들과 구약성경을 통해 하나님을 알게 되었을 것이다. 더구나 그는 하나님을 알기만 한 것이 아니라 유대인들 편에 서서 어려운 처지의 사람을 구제하고 항상 기도하는 경건한 사람이었다.

이런 고넬료의 모습을 하나님이 기쁘게 보신 것일까? 하나님은 당신의 사자(使者)를 보내어 환상 중에 그를 부르시고 욥바에 머물던 시몬 베드로를 초청하게 하셨다. 하나님의 말씀대로 욥바에 있던 베드로가 도착할 즈음 그는 자신과 가족뿐 아니라 친척과 가까운 친구들까지 집으로 초청해서 베드로를 기다렸다. 베드로가 도착하자, 그는 발 앞에 엎드려 절하며 맞았다. 놀란 베드로가 "일어서라 나도 사람이라"라며 만류해야 했다.

이방인 고넬료에게 자신을 초청하게 된 자초지종을 듣고 난 베드로는 입을 열어 예수 그리스도의 십자가와 부활의 복음을 선포하기 시작했다. 베드로의 입술을 통해 선포되는 구원의 복음을 듣고 있던 모든 사람에게 강권적으로 성령이 내렸다. 이방인에게도 성령을 부어 주심으로 말미암아 방언을 말하며 하나님을 높이는 것을 본 베드로는 자신의 편견을 거두고 예수 그리스도의 이름으로 세례를 베풀었다. 이렇게 고넬료는 이방인으로서 처음으로 성령을 받은 사람이요, 처음으로 세례를 받은 그리스도인이 되었다(행 10:45, 11:1, 18).

이방 군인인 고넬료의 회심은 1세기 하나님 나라의 성장에 의미심장한 사건이었다. 제국의 거대한 권세와 풍요를 떠올리게 하는 가이사랴의 헤롯 궁과 인공 항구에 서서 고넬료의 회심을 다시 생각한다.

하나님을 사랑한다면 고넬료처럼 하나님의 음성에 단순하게 순종해야 한다. 우리 자신뿐만 아니라 가족과 친척, 친구들까지 말씀 앞으로 불러 모으는 영향력과 열정을 회복해야 한다. "우리는 주께서 당신에게 명하신 모든 것을 듣고자 하여 다 하나님 앞에 있나이다"(행 10:33)라고 고백하며 순전함으로 하나님의 사람 앞에 엎드려 말씀을 듣고자 하는 갈망이 있어야 한다. 오늘 우리 가운데 말씀의 능력도 성령의 부으심도 희귀한 까닭이 혹시 고넬료와 같은 순종, 열정, 갈망이 없기 때문은 아닌지 심히 두렵고 떨린다.

빌라도 비문

"빌라도가 세 번째 말하되 이 사람이 무슨 악한 일을 하였느냐 나는 그에게서 죽일 죄를 찾지 못하였나니 때려서 놓으리라 하니 그들이 큰 소리로 재촉하여 십자가에 못 박기를 구하니 그들의 소리가 이긴지라" 눅 23:22~23

헤롯 대왕이 건설하여 로마 황제에게 헌정한 도시로 로마가 파견한 총독부가 있던 가이사랴 유적에 들어서면 현재 복원되어 공연장으로 사용되는 3천 5백 석 규모의 원형 극장이 먼저 눈에 들어온다. 그리고 헤롯 궁전 유적과 궁전의 수영장을 지나치면 예수님께 사형 선고를 내린 본디오 빌라도가 실존 인물이었음을 증명해 주는 기념비를 만난다.

1961년에 원형 극장 계단으로 재사용되던 돌덩이들 속에서 로마 총독의 이름이 라틴어로 새겨진 기념비가 발견되었다. 성경의 역사성을 입증하는 매우 중요한 고고학적 유물인 이 기념비에는 본디오 빌라도가 티베리우스 황제 시절에 가이사랴에서 근무했다고 기록되어 있다.

빌라도는 AD 26~36년 유대 지역을 통치한 로마의 5대 총독이었다. 고대 문헌에 의하면 그는 '예수 그리스도를 처형한 자'(Tacitus), '뇌물을 좋아하고 신을 모독하며 사람에게 공평하지 않은 재판을 하고 근거에도 없는 중형을 내리기로 유명한 자'(Philo)였다. 갈릴리 사람들의 피를 제물에 섞는 일을 하기도 했다(눅 13:1).

예수님은 가이사랴와 예루살렘을 오가며 집무하던 총독 빌라도 앞에 서셨다. 이상한 것은 빌라도가 먼저 예수님을 풀어 주려 했다는 것이다. 예수님에 대한 고발장을 살펴보고 증언을 들었지만 죽일 만한 죄를 찾지 못하던 빌라도는 "죄를 찾지 못하겠다. 죽일 일이 없다. 그러므로 때려서 놓겠다"라고 판결했다. 무리는 "십자가에 못 박게 하소서! 십자가에 못 박게 하소서!" 큰 소리를 내어 세 차례나 빌라도를 꺾었다. 결국 무리의 소리가 이기고, 빌라도는 예수님께 십자가형을 언도했다.

그 밤에 예수님을 잡아끌고 대제사장의 집으로 들어가 희롱하고 때리고 욕하던 사람들은 누구였을까? 낮이 새자 예수님을 공회로 끌어들인 사람들은 누구였을까? 공회에서 총독 관정으로 끌고 가서 고발하던 사람들은 누구였을까? 빌라도에게 더욱 강하게 말하던 사람들은 누구였을까? 그리고 끝내 '십자가에 못 박으라'는 외침으로 빌라도를 이긴 사람들은 누구였을까?

당시 유월절을 맞은 예루살렘 전역은 빌라도가 가이사랴를 떠나 올라오고 헤롯도 와야 할 만큼 비상 상황이었다. 그런 밤에 무리 지어 다닐 수 있던 사람은 어떤 사람들이었을까? 게다가 대제사장 관저, 산헤드린 공회, 빌라도 관정까지 오갈 수 있던 이들은 어떤 사람들이었을까?

그들이 대추야자나무(종려나무) 가지를 흔들고 겉옷을 벗어 길에 깔며 '호산나'를 외치던 그들이었을까? 그럴 가능성은 극히 희박하다. 그날 예수님을 '십자가에 못 박으라' 외치던 무리는 일반 백성이 아닌 대제사장과 서기관들에 의해 동원된 무리였을 것이다(마 27:20, 막 15:11). 아마 예수님의 시신을 제자들이 밤에 도둑질해 갔다고 거짓말했던 경비병들(마 28:11~15)처럼 돈에 매수된 군중이었을 것이다. 가룟 유다도 돈에 매수되어 예수님을 팔아넘기지 않았던가?

빌라도의 법정에서 진실과 정의는 찾아볼 수 없었다. 거짓 고발과 위증의 가짜 뉴스만 넘쳐 났다. 돈의 위력에 썩은 냄새가 진동했다. 나만 살면 된다는 보신주의와 무책임함만 남았다. 사람의 목숨을 빼앗고 짓밟은 선혈(鮮血)만 흘렀다. 십자가는 이런 거짓과 어둠 속에서 하나님의 진리와 정의를 이루는

가이사랴의 빌라도 비문(모형), 본디오 빌라도가 가이사랴에서 티베리우스 황제 시절 근무했다는 기록은 성경의 역사성을 확인하고 있다.

길이었다.

오늘 우리가 사는 대한민국은 어떤가? 그날 빌라도의 법정보다 나은 세상인가? 돈과 권력으로 사람을 조종하고 정보를 조작하는 사람들, 가짜 뉴스로 현실을 호도하며 신의 저주를 쏟아 내는 사람들, '국민의 뜻이다. 여론이다. 법이다. 심지어 하나님의 명령이다' 모든 것 다 갖다 붙이면서 자기 이익만을 쫓아가는 사람들, 애써 진실을 외면한 채 자기 살길만 찾는 사람들까지. 이런 사람들 속에서 십자가를 짊어지고 예수님을 따라간다는 것은 어떤 의미로 다가오는가?

온갖 불법과 위법과 폭력과 음란에 참여한 우리의 죄를 고백하고 돌이켜야 한다. 누군가를 해치기 위해 정보를 조작하고 가공하고 퍼뜨리는 가짜 뉴스와 맞서야 한다. 누군가를 희생양으로 삼아 집단적인 린치(Lynch)를 가하는 잔혹한 짓을 멈추어야 한다. 증오를 증오로, 저주를 저주로 덮으려는 악의 고리를 끊어 내야 한다.

|

마차 경기장에서 질문하다

"데나리온 하나를 내게 보이라 누구의 형상과 글이 여기 있느냐 대답하되 가이사의 것이니이다 이르시되 그런즉 가이사의 것은 가이사에게, 하나님의 것은 하나님께 바치라 하시니" 눅 20:24~25

가이사랴의 인상적인 또 다른 유적은 영화 〈벤허〉의 한 장면으로 들어온 듯한 로마식 마차 경기장이다. 대부분의 로마 시민들이 원형 경기장에 열광했던 것처럼 가이사랴의 로마 사람들과 친로마적인 유대 권력자들도 마차 경주, 죄수와 맹수의 결투, 노예들의 죽음의 검투를 즐기며 열광했을 것이다.

가이사랴의 화려한 모습 뒤에서 수많은 노예와 잡혀 온 유대인들이 피를 흘리며 죽어 나갔을 것이다. 당시 지중해의 바람을 맞으며 거대한 경기장에서 이루어지는 피의 축제를 즐기던 이들은 어떤 꿈을 꾸고 있었을까? 지중해 저편 제국을 향한 더 큰 권세와 부를 꿈꾸지 않았을까?

예수님을 로마에 대항하는 반역자로 몰아 총독의 힘을 빌려 잡고자 했던 유대 권력자들은 정탐을 보내 물었다. "우리가 가이사에게 세를 바치는 것이 옳으니이까? 옳지 않으니이까?" 그들의 간계를 간파하신 예수님은 데나리온 하나를 내게 보이라 하시며 물으셨다. "누구의 형상과 글이 여기 있느냐?" 당연히 가이사의 것이라 대답하는 그들에게 "가이사의 것은 가이사에게, 하나님의 것은 하나님께 바치라"라고 말씀하셨다.

무게가 약 3.8g인 로마 은전 데나리온은 일반적인 기준으로 로마 군인의 하루 품삯에 해당하는 돈으로 알려져 있다. 신약 시대 데나리온에는 올리브 면류관을 쓴 황제와 대추야자나무(종려나무) 잎사귀를 손에 쥔 팍스(Pax) 여신의 이미지가 담겨 있었다. 앞면에는 티베리우스 황제의 얼굴과 함께 'TI CAESAR DIVI ΛUG F AUGUSTUS(티베리우스 가이사, 신성한 아우구스투스의 이들 아우구스투스)'라고 새겨져 있고, 뒷면에는 'Pontif Maxim(대제사장)'이라고 적혀 있었다. 황제는 신인 동시에 신의 아들이며 대제사장이었던 것이다.

예수 시대 로마 황제는 단순한 인간 통치자가 아니었다. 그는 신적인 존재였고, 사람들은 그를 신으로 섬겼다. 그 황제의 형상이 새겨진 돈은 황제의 권력과 같은 신적인 능력을 가진 존재였다. 그래서 예수님은 돈을 단순히 돈이 아닌 맘몬(Mammon, 재물의 신)으로 부르셨던 것이다(마 6:24).

황제를 신으로 믿는 이들에게 "가이사의 것은 가이사에게, 하나님의 것은 하나님께 바치라"라는 예수님의 말씀은 어떤 의미로 다가왔을까? 가이사와 하나님 사이에서 적절한 거리의 조화와 균형을 이루며 살아가라는 지혜로 들렸을까? 세상살이에 성공하려면 한 손에는 돈을, 다른 손에는 하나님을 붙들어야 한다는 비법으로 들렸을까?

그렇지 않다. 이 말씀은 "하나님과 재물을 겸하여 섬기지 못하느니라"라는 말씀과 다름이 없다. 황제를 붙들면 모든 것을 다 얻을 수 있다고 생각하는 사람들, 돈이면 성공도 행복도 다 가질 수 있다고 생각하는 사람들, 그렇게 가이사의 권력과 맘몬의 부를 신으로 섬기며 살아가는 사람들에게 예수님은 그렇지 않다고 말씀하신 것이다. 하나님만이 참 하나님이시다. 인생과 세상의 절대 주권은 오직 살아 계신 하나님께 있다.

가이사랴의 거대한 마차 경기장에 서서 지중해의 바람 소리와 함께 들려왔을 열광적인 환호성을 떠올리며 자문한다. 우리

가이사랴 마차 경기장, 관중석에 앉아 경기와 함께 지중해를 바라보던 이들이 가졌던
로마를 향한 꿈이 아닌 하나님 나라를 향한 꿈을 우리는 꾸고 있는가?

의 참된 신은 누구인가? 하나님인가? 아니면 가이사인가? 살아 계신 하나님의 아들 예수님인가? 아니면 죽은 신의 아들 티베리우스인가? 세상의 구주이시며 주인이신 예수님인가? 아니면 세상 모든 것을 줄 것 같은 맘몬인가?

최근 발굴된 바울 옥터

"그들이 가이사랴에 들어가서 편지를 총독에게 드리고 바울을 그 앞에 세우니 총독이 읽고 바울더러 어느 영지 사람이냐 물어 길리기아 사람인 줄 알고 이르되 너를 고발하는 사람들이 오거든 네 말을 들으리라 하고 헤롯 궁에 그를 지키라 명하니라" 행 23:33~35

가이사랴 유적지를 거니는 내내 이곳 헤롯 궁에 약 2년 동안 구류(拘留)되어 있으면서 총독 벨릭스(Felix)와 베스도(Festus)에게 재판받고 로마로 압송되었던 바울을 생각한다. 로마의 부와 권세를 다 누리며 살 수 있었던 사람, 그러나 그 모든 것을 배설물로 여겼던 그는 인간적으로 가장 초라한 죄수의 몸이 되어 지중해 저편으로 지는 해와 함께 로마를 바라보고 있었을 것이다. 그는 로마의 부와 권력이 아니라 로마에서도 복음 전하기를 고대하고 또 고대했다. 가이사랴 헤롯 궁 한쪽에는 바울이 총독에게 재판받던 자리가 있다. 또 최근에는 바울이 갇혀 있던 곳으로 추정되는 감옥도 발굴되었다. 원래 물 저장고 였던 곳을 감옥으로 사용한 것으로 보인다.

가이사랴의 총독 벨릭스 앞에 선 바울은 대제사장과 함께 예루살렘에서 내려온 변호사 더둘로에 의해 전염병 같은 자, 천하에 흩어진 유대인을 다 소요하게 하는 자, 나사렛 이단의 우두머리로 성전을 더럽힌다고 고발당했다. 모든 고발 내용이 조작된 가짜 뉴스라는 바울의 변호를 들은 총독 벨릭스는 처결을 연기하고, 제한적인 자유 가운데 구류에 처했다. 이렇게 시작된 바울의 구류 생활은 벨릭스가 사임할 때까지 2년여 동안 이어졌다. 벨릭스는 돈과 함께 유대인의 마음을 얻고자 바울을 계속 잡아 두었던 것이다.

벨릭스에 이어 총독으로 부임한 베스도는 유대인들의 요구대로 바울의 재판 장소를 예루살렘으로 옮기려 했다. 이때 바울이 가이사에게 상소하게 되고, 결국 가이사가 있는 로마로의 압송이 결정되었다. 마침 갈릴리와 베레아 지방의 분봉왕 아그립바와 그의 누이 버니게가 총독 베스도에게 문안하러 가이사랴로 왔다. 바울에게서 어떤 악행의 혐의도 찾을 수 없었던 베스도는 바울을 그들 앞에 세운다. 아그립바 왕 앞에서 변명할 기회를 얻은 바울은 죽은 사람을 살리시는 하나님에 대한 믿음과 함께 다메섹에서 살아 계신 예수님을 만난 개인적 체험과 하늘에서 보이신 부르심을 당당하게 증거했다.

바울의 변명을 듣던 베스도는 "바울아 네가 미쳤도다 네 많은 학문이 너를 미치게 한다"라며 큰 소리를 질렀다. 그러자 바

가이사랴 헤롯 궁전터에서 바라본 바다 수영장.
세상 그 어떤 권력자 앞에서도 당당하게 나와 같이 되기를 원한다고 고백하고 싶다.

울은 자신이 미친 것이 아니요, 참되고 온전한 말을 한다며 믿음을 촉구했다. 아그립바 왕은 그런 바울에게 "네가 적은 말로 나를 권하여 그리스도인이 되게 하려 하는도다"라며 불편한 기색을 숨기지 않았다. 그때 바울은 당당하게 말했다.

"바울이 이르되 말이 적으나 많으나 당신뿐만 아니라 오늘 내 말을 듣는 모든 사람도 다 이렇게 결박된 것 외에는 나와 같이 되기를 하나님께 원하나이다 하니라" 행 26:29

바울은 제국의 화려한 부와 권세를 꿈꾸던 이들 앞에서 당당하게 외쳤다. 가이사랴의 총독 베스도와 유대의 분봉왕 아그립바가 가진 부와 권세보다 하나님의 사람이 가진 영광이 얼마나 풍요하고 아름다운지를 전 생애로 확증했던 것이다.

우리도 바울처럼 힘 있고 가진 것 많은 이들 앞에서 당당하게 복음의 확신을 외쳐야 한다. 당당하게 우리의 하나님이 참 하나님이심을 고백해야 한다. 그들도 우리처럼 예수님의 사람 되기를 간절히 사모하며 당당하게 복음을 증거해야 한다.

|

욥바, 다시 시작

"오직 성령이 너희에게 임하시면 너희가 권능을 받고 예루살렘과 온 유대와 사마리아와 땅끝까지 이르러 내 증인이 되리

라 하시니라" 행 1:8

긴 여정의 마지막 저녁 식사를 위해 현대 이스라엘의 수도 텔아비브와 이어진 욥바의 한 중식당을 찾았다. 2020년 코로나 팬데믹으로 한국인의 이스라엘 입국이 금지되어, 출이스라엘(Exodus Israel)하기 위해 애썼던 기억이 주마등처럼 스쳐 갔다. 지중해가 붉게 물들어 가는 시간, 귀향을 위해 벤구리온 국제공항으로 향했다.

요나와 다비다 그리고 베드로를 떠올리게 하는 욥바는 역사가 3천 5백 년이 넘는 항구 도시다. 솔로몬 왕 때는 레바논의 목재를 예루살렘으로 이송하는 바닷길로 사용되었다(대하 2:16, 스 3:7). 오랜 역사를 가진 항구 도시 욥바는 그리스 신화에 나오는 안드로메다(Andromeda) 공주가 묶였던 바위의 배경이 되는 곳이기도 하다.

욥바는 외국인들과 어부들이 가득한 활기찬 도시였지만, 동시에 바다에서 남편을 잃고 아버지를 잃은 여인들과 아이들로 넘쳐 났던 곳이다. 또 바다 생활을 하다가 빚지고 뭍에 내려 만신창이가 된 부랑자들이 도시의 어두운 구석에 웅크리고 있던 곳이기도 했다. 바로 이런 사람들이 눈에 밟혀 정성스럽게 돌보던 다비다(도르가)의 사랑이 깃든 곳이 욥바다(행 9:36).

육로를 따라 큰 성 니느웨로 가서 하나님의 심판을 전하라는 말씀이 싫어 해로로 반대편 다시스로 향하는 배에 몸을 싣고자 했던 선지자 요나가 찾았던 곳도 욥바다(욘 1:1~3). 백부장

고넬료의 초청을 앞두고 환상을 통해 베드로가 "하나님께서 깨끗하게 하신 것을 네가 속되다 하지 말라"라는 말씀을 받았던 곳도 욥바이고(행 9:43, 10:9~16), 그토록 서바나(스페인)를 보고자 했던 바울이 성령에 매여 도착한 곳도 욥바에서 그리 멀지 않은 가이사랴이다(행 21:8).

다시스나 서바나는 지중해 문명의 끝자락이다. 그 옛날 고대인들은 지구가 평평하며, 해가 지는 땅끝에 가면 바다의 끝이 있다고 생각했다. 그 끝을 넘어가면 낭떠러지가 있어 죽는다고 믿었다. 그 땅끝이 바울이 말한 '서바나'이고, 바다 끝이 요나의 '다시스'이다. 그곳은 낭만적이거나 그저 그런 세상의 끝자락이 아니었다. 땅끝에 선다는 것은 위험의 벼랑 끝이었고, 죽음의 자리 그 자체였다.

그렇게 바울이 서바나를 가고자 하고, 요나가 다시스를 가고자 한 것은 엄청난 결단이었다. 죽음을 각오한 결단이었다. 그런데 그런 결연한 각오가 왜 재고되어야 했을까? 그것은 부르심의 자리와 상관없는 방향이었기 때문이다. 자신의 원함과 야망이 아닌 부름을 따라 사는 것이 합당하고 아름다운 삶이기 때문이다.

요나가 죽음의 자리를 감수하면서까지 피하고자 했던 것은 무엇이었을까? 베드로가 끝까지 마주하고 싶지 않고 받아들이고 싶지 않았던 것은 무엇이었을까? 다메섹의 아나니아가 눈 뜨고 보고 싶지 않았던 것은 무엇이었을까(행 9:13~14)? 바울이 그토록 보고 싶었던 곳을 뒤로 하고 죽음으로 찾아야 했던 것은 무엇이었을까?

땅끝으로 가는 것보다 더 피하고 싶었던 자리가 있었다. 민족주의 이데올로기에 갇힌 요나에게는 앗수르의 니느웨가 그곳이었고, 인종적인 혐오에 매인 베드로에게는 로마 총독부가 자리한 가이사랴가 그곳이었다. 신실한 제자 아나니아에게는 박해자 사울을 찾아가는 다메섹 거리가 그곳이었고, 환난과 결박이 기다리는 것을 알면서도 가야 했던 바울의 예루살렘이 그곳이었다. 그리고 그곳은 예수님이 마지막 유월절에 마주하셔야 했던 십자가 언덕 골고다였다.

우리에게 '땅끝'은 어디인가? 두루뭉술한 추상적 개념의 땅끝이나 십자가가 아닌 온몸과 삶, 전인격으로 거부하고 싶은 것은 무엇인가? 때로 땅끝에 서는 것이 십자가를 지는 헌신과 결단이 아닌 도피일 수도 있다. 어떤 경우는 다시스, 서바나, 땅끝으로 가는 선택에서 돌이켜야 할 때도 있다. 우리 안에서 거부하고 있는 그곳으로 가는 새로운 선택이 절실한 때도 있다.

우리의 일상에서 다양한 근거를 댈 수 있는 배제와 혐오의 지역과 사람은 누구인가? 그곳 그 사람을 찾아야 한다. 직면하는 것이 죽기보다 싫은 것은 무엇인가? 그것을 직면해야 한다. 우리가 만나야 할 니느웨 주민, 이방인 고넬료, 박해자 사울은 누구인가? 그 니느웨 주민을 만나고, 이방인 고넬료를 마주하고, 박해자 사울과 같이해야 한다. 그것이 하나님의 나라이고 복음이다. 우리 안의 땅끝을 향하는 새로운 여행을 이제부터 다시 시작해야 한다.

욥바 해안을 붉게 물들이는 저녁 노을(©김동문).
바다 너머를 바라보며 새로운 사랑과 순종의 마음으로 부르심의 자리를 향해 나아간다.

에필로그

생각할 줄 아는 그리스도인?

'악의 평범함' 또는 '악의 비속함', 한나 아렌트(Hannah Arendt)의 『예루살렘의 아이히만』에 나오는 말이다. 600만 명의 유대인을 학살한 나치 전범 아이히만의 얼굴은 도대체 어떻게 생겼을까? 재판 과정을 취재하던 유대인 철학자 아렌트는 충격적인 사실을 발견한다. 아이히만은 너무나도 평범한 이웃집 아저씨처럼 생긴 것이었다. 그는 어쩌다 '괴물'이 되었을까?

아이히만은 나치 핵심 권력자들의 홀로코스트 기획 회의에 참석했고, 유대인 학살 과정에서 중요한 역할을 했다. 그러나 그는 법정에서 자신은 상부의 지시를 성실히 이행했고, 자신도 피해자라는 주장을 너무나 태연히 펼쳤다. 자기가 스스로 한 일은 아무것도 없다고, 자기는 아무런 권한도 없는 '배달부'에 불과하다고 무죄를 주장했다. 법정의 아이히만은 사악한 살인자라기보다는 지극히 비속한 공무원일 뿐이었다. 하지만 법정은 '잘못된 명령에 마지못해 따른 행위도 잘못'이라고 준엄한 판결을 내렸다.

아렌트는 그의 잘못이 '자기 머리로 생각하지 않은 것'이라고 했다. 자신이 악을 행하는지 여부를 생각하지 않는 것, 자기 객관화와 자기 성찰을 하지 않는 것이 바로 '전적 무능'이다.

우리는 자기 머리로 생각할 줄 아는 그리스도인인가? 우리의 성경 읽기는 스스로 생각하며 자신을 성찰하게 하는가? 우리는 간절한 마음으로 말씀을 받고 이것이 그러한가 하여 날마다 성경을 상고하는가? 우리의 설교는 스스로 묻고 답하며 진리를 찾아가도록 충분한 사고를 자극하는가? 우리는 교회 경험이 쌓여 갈수록 비속함을 벗겨 낸 고상함에 이르고 있는가?

　오늘 한국 교회의 비속함과 무능력의 근원에는 '자기 머리로 생각하지 않음'이 자리하고 있다. 생각하는 힘은 하나님이 사람에게 주신 최고의 복 가운데 하나이다. 오감으로 전해져 오는 감각을 사용하여 스스로 생각하고 깨닫고 행동하는 존재가 바로 하나님의 형상으로 지음받은 사람이다. 사람다운 사람, 하나님의 형상으로 빚어진 아름다움은 생각하는 힘으로부터 발현된다.

　이 책은 보물찾기하듯 자기 머리로 생각하며 질문하는 그리스도인을 향한 하나님의 세밀한 도우심의 결실이다. 하나님은 성령의 조명으로 우리의 사고를 자극하시고 일상적 감각을 활성화시키신다. 하나님은 '아무개들'이 성경을 읽고 자기 머리로 생각할 때 말씀의 보화가 찾아지도록 도우신다. 그리고 이 책이 성경 속 보물을 찾는 누군가를 향한 또 다른 하나님의 돕는 손길로 쓰여지도록 역사하실 것이다.

　이 책이 '일상적 감각으로 성경 읽기'를 통해 생각하는 그리스도인을 세우는 작은 디딤돌이 되었으면 한다. 특정한 목회자의 설교와 가르침에 묶인 이데올로기적인 신앙을 벗고 '아무개들'에게 주신 하나님의 말씀을 자연스럽게 읽고 깨닫는 기쁨을 아는 그리스도인이 넘쳐 났으면 좋겠다. 바라기는 이 책을 만나는 모든 이의 사고가 확장될 뿐 아니라 일상적 감각이 더욱 활성화되어 성경이 살아 있는 생명의 말씀으로 다가오기를 기도하고 축복한다.

세 번째 책을 출간하며 여러 고마운 분들이 스친다. 성경의 땅을 함께 여행하며 탁월한 안내자가 되어 '일상적 감각으로 성경 읽기'의 시선을 열어 준 신학대학원 동기 김동문 선교사에게 감사하다. 그는 성경이 처음 쓰인 낯선 땅에서 30여 년간 머물며 직접 두 발로 걷고, 두 손으로 만지고, 두 귀로 듣고, 두 눈으로 보고 확인하면서 성경을 읽고 묵상하는 성경의 사람이다. 헤아릴 수 없는 값진 시간과 재정을 지불하며 성경의 땅에서 탐구한 지혜를 값없이 나누어 준 은혜의 사람이다.

책을 기획하고 편집하고 디자인하고 제작하는 과정 하나하나에 최고의 섬김을 다한 많은 분들에게 감사하다. 특히 샘솟는기쁨 이진호 대표와 강영란 총괄 에디터에게 감사하다.

부족한 책을 기꺼이 추천해 주신 분들에게 감사하다. 성경 읽기와 설교의 '모퉁이돌'을 제대로 놓도록 이끌어 주신 모교의 은사 김지찬 교수, 인문적 사유에 바탕을 둔 일상 언어로 성경을 읽게 해 주신 아내의 은사 류호준 교수, 목회의 선배이자 동역자로 따뜻한 격려를 아끼지 않는 김성근 목사, 이스라엘 땅을 연구하고 답사하며 그 땅을 사는 '성지가 좋다' 이강근 목사, 실천신학 관점에서 사회를 보는 지혜를 나눠 주신 조성돈 교수에게 감사하다.

특별히 30년 목회의 여정을 함께해 온 가족에게 감사하다. 늘 부족한 남편의 성경 읽기와 설교를 눈물로 듣고 응답하며 기도하는 아내 김주연 사모, 하나님의 편지로 복음의 일꾼이 되고자 신학을 공부 중인 첫째 아들 한결이와 상처 입은 영혼을 향한 마음이 남다른 며늘아기 재은이, 부모를 미소 짓게 하며 힘이 되어 주는 둘째 아들 예람이와 늦가을 새 식구가 될 마음과 영혼이 이쁜 지혜, 주님께서 약속의 선물로 보내시고 은혜로 자라게 하신 엘리야의 영으로 충만한 셋째 딸 예원이까지, 그들이 가족이어서 늘 고맙고 행복하다.

끝으로 '일상적 감각으로 성경 읽기'의 현장에 함께하며 말씀과 성령의 공동체를 세워 가는 한우리교회 모든 지체에게 감사하다. 한우리 성도들의 따뜻한 섬김과 믿음의 응답이 없었다면 지금의 목사 권종렬은 있을 수 없었을 것이다. 늘 고맙고 감사하다. 특히 소신껏 목회하고 마음껏 연구할 수 있도록 어떤 경우에도 지지해 주시는 장로님들과 두 번의 이스라엘 따라 걷기 체험 여행에 동행해 준 성도들에게 감사하다. 그리고 '일상적 감각으로 성경 읽기'에 대한 소망으로 이 책을 읽는 한 분 한 분께 감사하다.

무엇보다 늘 함께하시며 사고를 자극하시고 오감을 활성화시켜 주시는 주님이 있어 감사하다.

한우리 드림센터 목양실에서
권종렬

빛나는 유대 광야 저 너머로 이어지는 유대 산지,
'이만하면 됐어' 싶은 그곳 광야의 끝자락에 서서 더 멀리 새로운 여정을 바라본다.

참고 문헌

김동문. 『가고픈 성서의 땅2 요르단』. 홍성사, 2008.
김동문. 『빛으로 성경 읽기, 너희 등불을 비추라』. 샘솟는기쁨, 2023.
김동문. 『오감으로 성경 읽기』. 포이에마, 2014.
김동문. 『중근동의 눈으로 읽는 성경(구약편)』. 선율, 2019.
김동문. 『중근동의 눈으로 읽는 성경(신약편)』. 선율, 2019.

기민석. 『구약의 뒷골목 풍경』. 예책, 2013.
김덕수. 『로마와 그리스도교』. 홍성사, 2017.
김종식. 『성경에 나오는 물건과 관습』. 크리스챤뮤지엄, 2017.
김호경. 『예수가 하려던 말들』. 뜰임, 2022.
남병식. 『바이블 문화 코드』. 생명의말씀사, 2006.
박양규. 『중간사 수업』. 샘솟는기쁨, 2023.
이강근. 『성경의 땅, 이스라엘을 만나다』. 생명의말씀사, 2016.
이익상. 『이스라엘 따라 걷기』. 규장, 2018.
징징숙. 『성서식물』. 크리스챤뮤지엄, 2007.
주원준. 『인류 최초의 문명과 이스라엘 고대 근동 3천 년』. 서울대학교출판문화원, 2022.
차정식. 『신약의 뒷골목 풍경』. 예책, 2014.

곤도 지로. 『고대 이집트 해부도감』. 김소영 역. 더숲, 2022.
데이비드 그레고리. 『예수와 함께한 복음서 여행』. 최종훈 역. 포이에마, 2017.
루이스 멈퍼드. 『역사 속의 도시 1·2』. 김영기 역. 지식을만드는지식, 2016.
베리 베이첼. 『LEXHAM 성경 지리 주석 사복음서』. 김태곤 역. 죠이북스, 2021.
베리 베이첼. 『LEXHAM 성경 지리 주석 사도행전에서 요한계시록까지』. 김태곤 역. 죠이북스, 2022.

사라 코차프. 『고대 이스라엘』. 이영찬 역. 생각의나무, 2004.
아나 마리아 리베라티, 파비오 부르봉. 『고대 로마』. 김숙 역. 생각의나무, 2003.
알베르토 실리오티. 『고대 이집트』. 박승규 역. 생각의나무, 2004.
앤드류 톰슨. 『아라비아의 예수』. 오주영 역. 두란노, 2019.
앤손 레이니, 스티븐 나틀리. 『성경 역사, 지리학, 고고학 아틀라스』. 강성열 역. 이레서원, 2010.
요아킴 예레미아스. 『예수 시대의 예루살렘』. 한국신학연구소번역실 역. 한국신학연구소, 1988.
윌리엄 G. 데버. 『고대 이스라엘 사람들은 어떻게 살았을까』. 양지웅 역. 삼인, 2022.
제임스 헨리 브레스테드. 『고대 이집트의 역사1』. 김태경 역. 한국문화사, 2020.
케네스 E. 베일리. 『중동의 눈으로 본 예수』. 박규태 역. 새물결플러스, 2016.
케네스 E. 베일리. 『중동의 눈으로 본 예수님의 비유』. 오광만 역. 이레서원, 2017.
켄 가이어. 『주님을 만나는 기쁨』. 김현회 역. 도서출판디모데, 1999.
톰 라이트. 『내 주님 걸으신 그 길, 톰 라이트와 떠나는 성지순례』. 강선규 역. 살림, 2008.
푸리오 두라도. 『고대 그리스』. 노혜숙 역. 생각의나무, 2003.
피커 워커. 『예수의 발자취를 따라서』. 박세혁 역. 도서출판CUP, 2022.
피커 워커. 『바울의 발자취를 따라서』. 박세혁 역. 도서출판CUP, 2023.